rowohlts monographien

HERAUSGEGEBEN

VON

KURT KUSENBERG

AUGUSTINUS

IN
SELBSTZEUGNISSEN
UND
BILDDOKUMENTEN

DARGESTELLT
VON
HENRI MARROU

ROWOHLT

Aus dem Französischen übertragen von Christine Muthesius
Den dokumentarischen und bibliographischen Anhang bearbeitete Paul Raabe
Umschlagentwurf von Werner Rebhuhn

Veröffentlicht im Mai 1958
Mit Genehmigung des Verlages Éditions du Seuil, Paris

Offsetdruck von Text und Bildern Hermann F. R. Stumme, Hamburg
Satz, Umschlagdruck und Bindearbeiten Clausen & Bosse, Leck
Printed in Germany

INHALT

DAS AUGUSTINISCHE JAHRHUNDERT

Sechzehn Jahrhunderte trennen uns von jenem großen Menschen, der am 13. November 354 geboren wurde und am 28. August 430 starb. Unsere Maler haben ihn zu oft mit Chormantel, Mitra und Krummstab zu einem Bischof unserer Zeit gemacht. Wir müssen ihn uns in einer weißwollenen Tunika und mit Sandalen vorstellen. Aber wohlgemerkt: diese Tunika ist eine Tunika mit Ärmeln, bereits zugeschnitten und genäht wie ein «Hemd», es handelt sich nicht mehr um die umgeworfene Tunika, wie sie Perikles oder Cicero noch trugen. Wenn der, der sich Aurelius Augustinus nannte, noch in die Antike gehört, so in ihre letzte Phase, in die sogenannte Spätantike.

Seit Diocletian (284—305) und Constantin (306—337) hat sich das Römische Reich, das durch das Eindringen der Barbaren und von inneren Wirren erschüttert war, auf neuen Grundlagen wieder konstituiert: das oströmische Kaiserreich ist der älteste totalitäre Staat modernen Stils. Der von einem religiösen Prestige umwitterte Herrscher ist allmächtig — wenigstens solange kein Usurpator über ihn triumphiert. Von einem Hof orientalischer Prägung umgeben, herrscht er vermittels einer militarisierten und hierarchisierten Bürokratie von außerordentlicher Vielseitigkeit. Planwirtschaft, staatliche Betriebe, Zwangsgewerkschaft und Erbkasten, drückende Steuern, grausame Justiz und selbstverständlich (man lebte in ständiger Gefahr vor Verschwörungen) Geheimpolizei: wie oft erscheint nicht in der Biographie Augustins das beunruhigende Gesicht der *Agentes in rebus,* was unsere Humanisten unschuldigerweise mit «Beauftragte» übersetzen. Es kann kein Zweifel herrschen, daß es sich um Gestapo-Agenten handelt. Es ist bereits die Welt des Terrors: die Gruppe an der Macht personifiziert die Allmacht des Herrschers, aber sie kann rasch in Ungnade fallen; dann beginnt der große Verräterprozeß, die Unterdrückung, die allmählich Tausende von Unschuldigen in die Sache verwickelt.

Diese schwere Maschinerie, deren Wirksamkeit nicht zu leugnen ist, hält sich, wenigstens im Orient, mehr als tausend Jahre lang, bis 1453. Aber der Preis will bezahlt sein, und dazu ist das lateinische Abendland schon nicht mehr bereit: zu einer nationalen Reaktion, wie sie zu Beginn des 5. Jahrhunderts die eigentliche, byzantinische Ära in Konstantinopel einleitet, kommt es im Westen nicht. Das römische Kaiserreich bröckelt ab und unterliegt schließlich zwei gekoppelten Vorgängen: dem Abtrünnigwerden des Proletariats (Bagauden in Gallien, Circumcellionen im Afrika Augustins) und dem Ansturm der Barbaren von außen.

Das ganze Leben des heiligen Augustinus spielt sich vor diesem Hintergrund ab, und für den Leser von heute liegt hierin der Haupt-

Die älteste Darstellung des heiligen Augustinus. Fresko im Lateran, 6. Jahrhundert

Römische Trophäe, aus Hippo

wert seiner Lehre: er lehrt uns durch sein Beispiel die Kunst, in einer Zeit der Katastrophen zu leben. Seine Kindheit fällt in die letzten Phasen der römischen Gewaltherrschaft; und der gereifte Mann sieht — am 24. August 410 —, wie die Festungen Roms von den Westgoten Alarichs gestürmt werden. Dieses Ereignis ist entscheidend nicht seiner politischen Tragweite wegen, sondern wegen des Widerhalls, den es bei den Zeitgenossen und im Denken Augustins ausgelöst hat. Im Meditieren über den Sturz dieser zivilisierten Weltstadt, dieses Roms, das sich ewig glaubte, hat er eines seiner Meisterwerke, die XXII Bücher des *Gottesstaates*, erarbeitet, in dem sich zwei Themen verflechten: das Thema der radikalen Vergänglichkeit von Kulturen und das der übernatürlichen Berufung der Menschheit, das der Grundzug der christlichen Geschichtstheologie bleibt.

Zwanzig Jahre später sollte er in seiner von Vandalen belagerten Bischofsstadt Hippo sterben. Dies Abenteuervolk, das ein erstaunlicher Wandertrieb innerhalb eines Menschenalters von Ungarn und Schlesien durch ganz Europa bis nach Spanien und Gibraltar geführt hatte, zieht auch nach Nordafrika und Karthago, um dort die römische Herrschaft zu zerstören.

Aber Augustinus ist nicht nur ein Zeuge der «Dekadenz» und des Untergangs einer Welt. Mit der Bekehrung Constantins ist das Reich ein christliches Reich geworden und die neue Religion hat endgültig gesiegt. Nicht, daß nun alle Schwierigkeiten überwunden gewesen wären: das Heidentum widersteht noch an den beiden äußeren Enden der sozialen Skala, bei den Bauern und in der Schicht der gebildeten

Aristokratie; und wenn die Ära der großen Verfolgungen auch abgeschlossen ist, so zerreißen doch Schismen und Irrlehren noch das «nahtlose Kleid.» Das in gewisser Hinsicht notwendige Eingreifen der kaiserlichen Macht kompliziert die Dinge: der alternde Constantin, Constans und Valens entscheiden sich für diese oder jene Fassung der arianischen Irrlehre, und die Orthodoxie muß dunkle Zeiten erleben, ehe sie sich endlich mit dem sehr katholischen Kaiser Theodosius durchsetzt.

Vandalische Münze, Karthago, 5. Jahrhundert

Nichtsdestoweniger ist das augustinische Jahrhundert ein Jahrhundert des sozialen, geistlichen und intellektuellen Aufblühens des Christentums. Es ist das goldene Zeitalter der Kirchenväter und großen Denker – es waren auch Mönche darunter und häufig Männer der Tat –, die der christlichen Literatur ihre Klassiker geschenkt haben. Es ist bemerkenswert, daß der heilige Augustinus Zeitgenosse der größten Kirchenväter gewesen ist, und zwar sowohl der griechischen Väter der Schulen von Kappadozien, Antiochien und Alexandrien als auch der wichtigsten Lehrer der lateinischen Kirche.

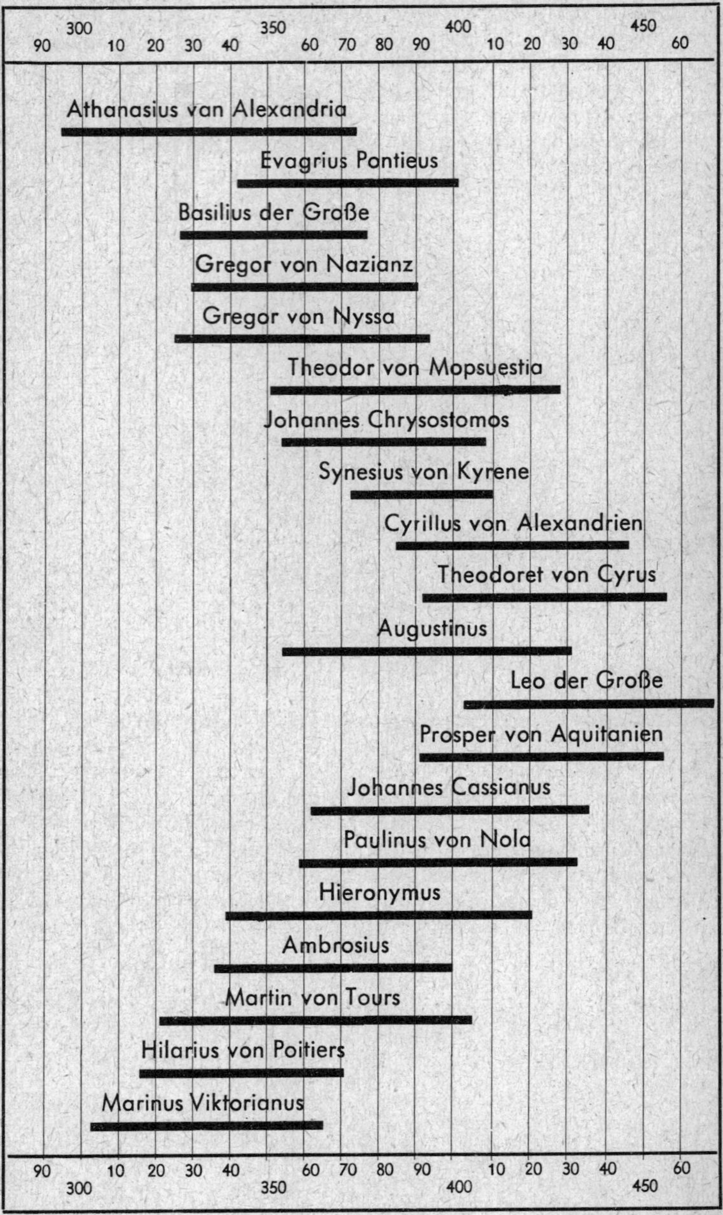
300
350
400
450
90
10
20
30
40
60
70
80
90
10
20
30
40
60
Athanasius van Alexandria
Evagrius Ponticus
Basilius der Große
Gregor von Nazianz
Gregor von Nyssa
Theodor von Mopsuestia
Johannes Chrysostomos
Synesius von Kyrene
Cyrillus von Alexandrien
Theodoret von Cyrus
Augustinus
Leo der Große
Prosper von Aquitanien
Johannes Cassianus
Paulinus von Nola
Hieronymus
Ambrosius
Martin von Tours
Hilarius von Poitiers
Marinus Viktorianus

Umgebung von Souk-Ahras (Straße von Bône)

AUGUSTINS LEBEN

Der heilige Augustinus ist also am 13. November 354 in Thagaste, einer kleinen Stadt der numidischen Provinz, heute Souk Ahras in Algerien (ungefähr 180 km östlich von Constantine und 100 km südlich von Bône), geboren. Er ist ein afrikanischer Römer. Aller Wahrscheinlichkeit nach war er von reiner berberischer Rasse. Man hat mit dieser Feststellung und der Sonne Afrikas naiverweise die Glut seines Temperamentes und seinen überladenen Stil erklären wollen — als ob Sinnlichkeit und barocke Ausdrucksweise in nordischen Ländern unbekannt wären! Oder man hat, da das Leben der geschichtslosen Fellachen bis in unsere Tage hinein antike Züge bewahrt hat, wohlfeile Romantik getrieben und in ihm einen mit baraka [1*] begabten Marabu gesehen, einen Scheich, der im Gerichtshof des Kadi thront ... Diese Lokalfärbung ist völlig illusorisch. Auf die Kultur kommt es an und nicht auf die Chromosomen. Die Nachkommen der Zeitgenossen Augustins stehen heute Kairo, Mekka, ja sogar Karatschi näher als Europa, weil sie islamisch sind und arabisch spre-

* Die Nachweise finden sich am Ende dieses Kapitels (Seite 39).

Schulszene. Relief aus Neumagen, Museum von Trier

chen. Das Afrika Augustins aber war lateinischer Boden (Latein war nicht nur seine Kultursprache, sondern auch seine Muttersprache), eine Provinz des großen römischen Vaterlandes, das sich schmeichelte, die Grenzen des Staates bis zu den Grenzen der zivilisierten Welt ausgedehnt zu haben. Er ist als römischer Bürger geboren (sein Familienname Aurelius läßt vermuten, daß seine Vorfahren mit allen Provinzbewohnern im Zuge der berühmten Constitutio Antoniniana des Caracalla 212 naturalisiert worden sind); nichts ist falscher, als in ihm einen Erben der karthagischen Vergangenheit zu sehen: er fühlt sich weder mit Karthago noch mit Hannibal solidarisch, sondern mit Rom, dessen große Männer, Regulus oder die Scipionen, seine Helden sind [2]. Seine Bildung und seine Tätigkeit haben aus ihm einen der Unseren, einen abendländischen Europäer gemacht.

Wenn wir bei ihm einen gewissen Partikularismus finden, dann auf religiösem Gebiet. Er war stolz, dieser sich ihrer Autonomie im Schoße der katholischen Welt so bewußten afrikanischen Kirche anzugehören, die sich durch die Lehre ihrer Kirchenschriftsteller und das Blut ihrer Märtyrer ausgezeichnet hatte; der Kirche Tertullians und vor allem Cyprianus', Lactantius', Victorinus' und Optats.

Aber in dieser antiken Zivilisation, die so aristokratisch geblieben war und unserem modernen Ideal einer Massenzivilisation so fern stand, war der Grad der Romanisierung, d. h. der wirklichen Teilnahme an den Werten, deren Symbol der Name Rom war, je nach sozialem Rang und erhaltener Erziehung sehr unterschiedlich. Im Gegensatz zu vielen zeitgenössischen Kirchenvätern (Ambrosius ist der Sohn eines *praefectus praetorio*, eines Innenministers, und Chrysostomus der Sohn eines *magister militum*, eines kommandierenden Generals), ist Augustinus aus einem relativ bescheidenen sozialen Milieu hervorgegangen [3]: sein Vater Patricius war ein kleiner Landeigentümer, der zur Klasse der *curiales*, jener Provinz-Notabeln gehörte, die von ihrer kollektiven Steuerverantwortlichkeit erdrückt wurden — also zu einem Kleinbürgertum auf dem Wege der Proletarisierung.

Wie viele Kleinbürger unserer Zeit strebte Patricius danach, dem begabtesten seiner Söhne um den Preis großer Opfer jene freisinnige

Erziehung zuteil werden zu lassen, die im spätrömischen Kaiserreich eines der sichersten Mittel war, die Laufbahn des Lehramtes oder der Rechtsanwaltschaft einzuschlagen, die unbegrenzte Möglichkeiten auf die Tätigkeit in der kaiserlichen Verwaltung und damit auf Macht eröffnete.

Der väterliche Wechsel reichte nicht aus. Der heilige Augustinus erzählt uns in seinen *Bekenntnissen* [4], daß er mit sechzehn Jahren seine Studien aus Geldmangel für ein Jahr unterbrechen mußte. Nur mit Hilfe eines Familienfreundes konnte er sie wieder aufnehmen. Jener Freund, Romanianus [5], war ganz der Typ jener «Wohltäter», euergetes, die in der Antike so häufig auftraten. Teils aus Selbstlosigkeit, teils aus Geltungsdrang, gaben sie ihr Geld ohne zu rechnen, manchmal bis zum Ruin, für ihre Mitbürger aus.

Die Grundschule besuchte er in seiner Geburtsstadt, die höhere Schule in dem größeren und bereits intellektuelleren nachbarlichen Madaura, der Vaterstadt des berühmten Apuleius. Sein Hochschulstudium begann er gleichfalls in Madaura, um es in Karthago, der Hauptstadt des römischen Afrika, der größten Stadt des lateinischen Abendlandes nach Rom, wieder aufzunehmen und zu beenden. So hat Augustinus von seinem siebenten bis zum neunzehnten Lebensjahr den ganzen Studienkreis durchlaufen, der zu seiner Zeit als nor-

Das Theater von Madaura

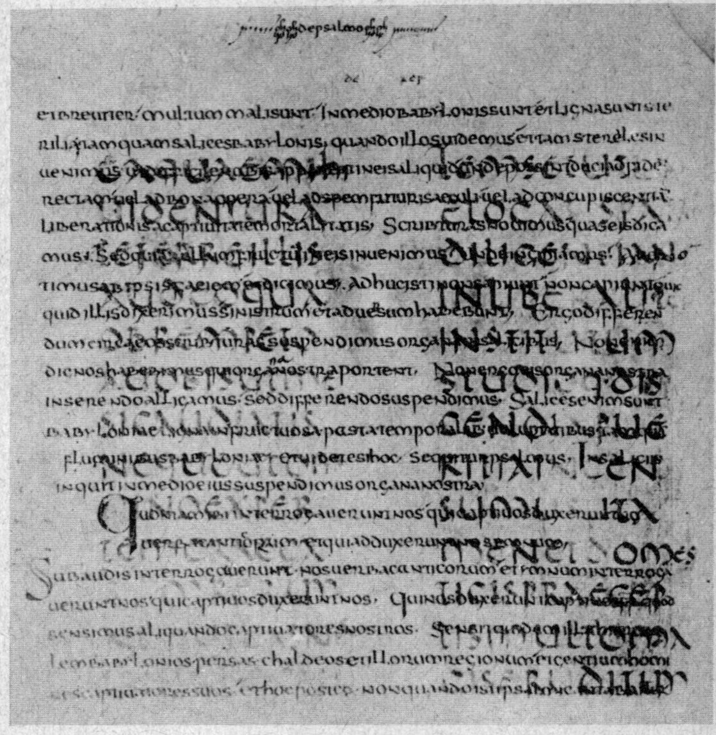

Palimpsest: Manuskript von Ciceros «De Republica» aus dem 4. Jahrhundert (die große Schrift). Darüber war im 7. oder 8. Jahrhundert ein Text von Augustinus aus «Enarrationes in Psalmos» geschrieben worden.

mal galt. Müssen wir hinzufügen, daß er sich auszeichnete? So wurde er zu jenem großen Repräsentanten antiker Kultur, oder, um mit seinen Zeitgenossen zu reden, zu jenem ebenso gelehrten wie beredten Manne, *vir eloquentissimus atque doctissimus.*

Wir müssen mit einiger Aufmerksamkeit diese Grundausbildung untersuchen, denn von ihr sind Werk und Denken Augustins abhängig, sowohl in ihren positiven Eigenschaften wie auch in ihren Mängeln, im Guten wie im Bösen.

Die Bildung, die Augustinus empfangen hat, war hauptsächlich literarisch und vor allem lateinisch, denn schon zu seiner Zeit vertiefte sich die Kluft, die die Einheit der mittelländischen Kultur aufriß und die den griechischen Orient immer mehr vom Abendland trennte. Gewiß, die griechische Sprache gehörte noch immer zum Lehrplan, und unser Afrikaner hatte sich dem zu unterwerfen, aber er erzählt uns selbst, daß es ohne Freude[6] geschah, und wir stellen fest, daß es ohne Nutzen für ihn war. Er hat nicht viel davon behalten, etwa soviel, wie heute ein Durchschnittsabiturient vom Lateinischen behält. Später, als Kirchenmann, weiß er besser einzuschätzen, wie sehr ihm eine tiefere Kenntnis des Griechischen bei exegetischen und theologischen Studien förderlich sein könnte, und er verausgabte sich in emsigen Bemühungen, um seine Kenntnisse zu vervollständigen. Aber wenn wir bei den Tatsachen bleiben wollen, dann müssen wir feststellen, daß er keine großen Fortschritte gemacht hat. Augustinus hat niemals mit dem heidnischen oder christlichen griechischen Gedankengut umgehen können, außer wenn ihm etwas durch eine lateinische Übersetzung oder Nachschöpfung zugänglich geworden war. Man kann diese Tatsache gar nicht nachdrücklich genug betonen, denn sie hat in einem weiten Ausmaß die Entwicklung seines philosophischen und theologischen Denkens bedingt. Da er nicht bei seinen hellenistischen Vorgängern anknüpfen konnte, war sein Denken oft auf autodidaktische Improvisation — auf Ursprüngliches und Eigenes angewiesen.

Lateinische Bildung also; das hieß zu Beginn: Grammatik und emsiges Studium der großen Klassiker, zuerst der Dichter: Vergil, Terenz ... Gebildet sein, hieß für einen Römer, seinen Vergil ungefähr auswendig zu wissen, wie die Griechen ihren Homer kannten. Dann die Historiker und dann die großen Redner: Cicero vor allem, der große Cicero, der unbestrittene Meister, der durch sein theoretisches Werk wie auch durch sein Beispiel der antiken Kultur des Abendlandes seinen Stempel aufgedrückt hat. Für den uneingeweihten Leser ist es schwer, sich den Grad der Assimilierung und Gegenwärtigkeit dieser Klassiker vorzustellen: jeden Augenblick taucht unter der Feder Augustins bewußt oder unbewußt ein Zitat oder ein Anklang an Cicero oder Vergil auf — und er schrieb für ein mitwissendes Publikum, das fähig war, solche Stellen zu erkennen und jedesmal die gleiche harmlose oder verfeinerte Freude mitzuempfinden.

Auf höherem Niveau drückte sich die Bildung in der Rhetorik, in der Kunst zu reden, aus — und im Anschluß daran auch in der Kunst zu schreiben. (Die in der Antike allgemein gehandhabte Praxis, laut zu lesen, hat dazu beigetragen, Literatur und Rednerkunst aufeinander abzustimmen: es ist nicht gesagt, daß nicht auch in unserer modernen Kultur unter dem Einfluß von Radio und Fernsehen eine ähnliche Erscheinung wieder auftritt). Für die Moderne ist «Rhetorik» nur noch ein Werturteil, und meistens ein negatives. Wir müssen versuchen, nachzuvollziehen, daß sie für die Menschen der Antike eine mit Präzision erarbeitete und streng kodifizierte Technik war. Sie bot sich als das erschöpfende Repertoire und folglich *ne varietur* aller Verfahrensweisen dar, welche die Erfahrung als wirksam erwiesen hatte, und erlaubte, eine feste, überzeugende und bestrickende Darlegung zu konstruieren. Woher dieses außerordentlich komplexe System von Gliederungen und Definitionen? Es gab drei Arten der Redekunst, drei Anwendungsgebiete, sechs Redeteile (vom Redeeingang bis zur Peroration) . . . Man begreift, daß der Student Jahre und Jahre brauchte, um sich in den Besitz der Meisterschaft zu bringen. Aber welche Sicherheit nach vollbrachter Mühe! Über jeden nur erdenklichen Gegenstand wußte man alles zu sagen, was darüber ausgesagt werden konnte, und man wußte, w i e es gesagt werden mußte! Handelte es sich zum Beispiel darum, eine Grabrede zu verfassen, so verfügte der Rhetor hierfür, wie für alles übrige, über einen Entwurf-Typ (und St. Augustin, der in seinen *Bekenntnissen*[7] das Loblied seiner Mutter singt, hat sich daran sehr wohl erinnert): er umfaßt 45 Pflichtausführungen und einige weitere *ad libitum,* feiert Zug um Zug die äußeren Güter (Vaterland, Familie etc), die leiblichen Güter, die Güter der Seele und endet unerschrocken mit der Ausmalung der hehren Taten, die der Held nicht zu vollbringen gesäumt hätte, wäre er länger am Leben geblieben . . .

Und auch hier herrschte in derselben klassischen Perspektive eine subtile Mitwisserschaft zwischen Autor und Publikum: dieses wußte, was jener wußte, und daraus ergaben sich zum Beispiel unerwartete, enttäuschende oder überraschende Wirkungen. Das entsprach auf literarischem Gebiet ungefähr dem, was die expressiven Deformationen unserer Maler in uns hervorrufen: Braque wußte, wie nach den Gesetzen der euklidischen Perspektive eine Gitarre zu zeichnen ist, und wir wissen, wie eine derartige Gitarre ausgesehen hätte; der ganze Kubismus hat diese Dialektik gehandhabt. Genau so war es mit Augustin: er wußte, und sein Publikum wußte, wie eine ciceronische Periode, eine exakt begonnene Gliederung ausgeklungen wäre. Seine barocke, subtile Kunst bestand häufig darin, zu überraschen, die Aufmerksamkeit durch willentliche Unebenmäßigkeiten, durch eine Dissonanz, eine Modulation aufzustacheln.

Eine ganz und gar literarische Bildung, wie man sieht. Wenn dieser große Literat seinen Zeitgenossen zugleich als großer Gelehrter erschien, so müssen wir daran denken, daß dieses Lob einer buchmäßigen Gelehrsamkeit galt: grammatikalische Besonderheiten, mehr oder weniger kunstvolle Etymologien, mythologische oder historische Anekdoten – Tatsachen und Fabeln –, die wegen ihrer malerischen und moralischen Qualitäten geeignet waren, in die Rede eingefügt zu werden, Wunderlichkeiten aller Art, authentische oder märchenhafte, Merkwürdigkeiten aus der Naturgeschichte, wie sie später in den mittelalterlichen Schriften über Edelsteine und Tiere gesammelt werden: der Karfunkel leuchtet in der Finsternis, die Schlange des Marsenlandes preßt ein Ohr gegen den Erdboden und verstopft sich das andere mit dem Ende ihres Schwanzes, um dem Zauberer zu widerstehen . . .[8]

Auf dem Gebiet der Naturwissenschaften im modernen Sinn des Wortes – es kann sich dabei zu jener Zeit nur um Mathematik und Biologie handeln, denn die Physik war mit Aristoteles für zwei Jahrtausende in die Irre gegangen – war Augustinus lediglich im Besitze einiger sehr elementarer Begriffe über theoretische Arithmetik,

Gesamtansicht von Karthago: im Vordergrund die Hafenanlagen. Die Stadt erstreckte sich am Meer entlang und über die Hänge der Hügel, die westlich der (links sichtbaren) modernen Straße liegen.

und in der Geometrie ist er nicht über den ersten Lehrsatz von Euklid (Konstruktion des gleichschenkligen Dreiecks) hinausgekommen. Von der Medizin wußte er nicht mehr, als ein ehrlicher Mann wissen kann, der einige Handbücher durchgeblättert und sich mit Fachleuten unterhalten hat.

Aber in der Antike bildete die oratorisch-literarische Bildung meistens keinen Gegensatz zur naturwissenschaftlichen Bildung, wie bei uns, sondern zur Philosophie, zur strengen Berufung des Philosophen, der den Ernst seines Denkens und seine Verpflichtung über die Eitelkeit aller Schönrednerei stellte. Man hat die Entwicklung der antiken Kultur als zweistimmigen Kontrapunkt zu beschreiben gewußt, wo Rhetorik und Philosophie abwechselnd Oberhand gewinnen, sich entgegenstehn oder sich für einen kurzen Augenblick im Streben nach Synthese zusammenfinden. Augustin war zu gebildet, um auf seinem Weg nicht der Muse der Philosophie zu begegnen, und seine Seele war zu erhaben, um sich ihrem Anruf zu entziehen. Er erzählt uns mit bewegten Worten, wie die Lektüre des Aufrufs zur Philosophie, den Cicero auf aristotelische Weise in seinem *Hortensius* verfaßt hat, in der Seele des Achtzehnjährigen jene glühende «Liebe zur Weisheit» weckte (er liebte es, den schönen Namen der Philosophie etymologisch zu paraphrasieren), jene Suche nach Wahrheit, die sein ganzes Leben beseelen sollte [9].

Wir müssen hier zwei Dinge deutlich hervorheben: obgleich der heilige Augustinus sich immer auf seine Lektüre des *Hortensius* als auf den Ausgangspunkt seiner bewußten Entwicklung berufen hat, fehlte doch noch viel, daß diese «Bekehrung» zur Philosophie auch sofort alle ihre Früchte getragen hätte (wie könnte man hier nicht an die erste Bekehrung Pascals erinnert werden?): dreizehn mit moralischen, religiösen und intellektuellen Abenteuern dichtgefüllte Jahre sollten noch vergehen, bis Augustinus durch die Taufe einwilligte, sein Leben dem Ideal der Askese und der Strenge zu weihen, das für einen Menschen der Antike die Berufung zum Denker einschloß. Als Mönch und Philosoph verwirklicht er schließlich das Gelübde des Achtzehnjährigen.

Wir müssen jedoch hervorheben, daß Augustinus niemals eine wirklich abgeschlossene, wissenschaftliche Ausbildung besessen hat: er entdeckte die großartigen Perspektiven der Philosophie in einem Augenblick, in dem er als bedürftiger Student seine Lehrjahre verkürzen mußte, um auf Suche nach einem Lebensunterhalt zu gehen. Seine philosophische Bildung war die eines Autodidakten. Um eine kunstgerechte Schulung durchzumachen, hätte er zudem im griechischen Orient, sei es in Athen, sei es in Alexandria, den beiden einzigen Zentren, in denen die Philosophie regelrecht gelehrt wurde, studieren müssen. Augustinus hatte nicht das Glück wie einst Apuleius oder wie später Boëthius, in der einen oder anderen dieser Städte zu studieren. Seine Möglichkeiten in der Lektüre waren durch mangelnde Sprachkenntnisse sehr begrenzt, und er beschränkte sich auf das, was ihm in Latein zugänglich war: so las er zum Beispiel die Kategorien von Aristoteles [10], aber ohne die unerläßliche Einführung von Porphyrios. Sein Meister, dem er letzten Endes das Wesentliche seiner philosophischen Schulung verdankte, war auch hier Cicero, dieser Popularisator und mittelmäßige Geist.

Als Familienoberhaupt (sein Vater war kurz nach dem Aufbruch nach Karthago gestorben) [11] mußte er sich, noch ehe er zwanzig Jahre alt war, nach einem Beruf umsehen. Wie gute Schüler das häufig tun, wandte er sich dem Beruf des Lehrers zu, den er dreizehn Jahre lang ausübte. Er eröffnete eine Schule in seiner Geburtsstadt Thagaste [12], kehrte aber bald nach Karthago zurück [13], wo er den städtischen Lehrstuhl für Rhetorik einnahm [14] (die kaiserliche Gesetzgebung erlegte den Städten die Besoldung öffentlicher Lehrer auf).

Daß er ein ausgezeichneter Lehrer war, zeigt uns die Anhänglichkeit, die seine Schüler ihm bewiesen, wie der pseudo-philosophische Rhetor Favonius Eulogius, der später auch den Lehrstuhl Karthagos einnahm [15], oder wie vor allem sein Landsmann Alypius, der von seinem Schüler zu seinem intimsten Freund [16], dem Gefährten seiner Bekehrung und seines Mönchslebens und zu seinem Kollegen im Bischofsamt aufrückte. Der randalierenden Jugend Karthagos müde, ging Augustinus zehn Jahre später nach Rom, wo er ruhigere, aber schlecht zahlende Studenten vorfand [17]. So war er froh, bald einen anderen städtischen Lehrstuhl der Rhetorik in Mailand [18]

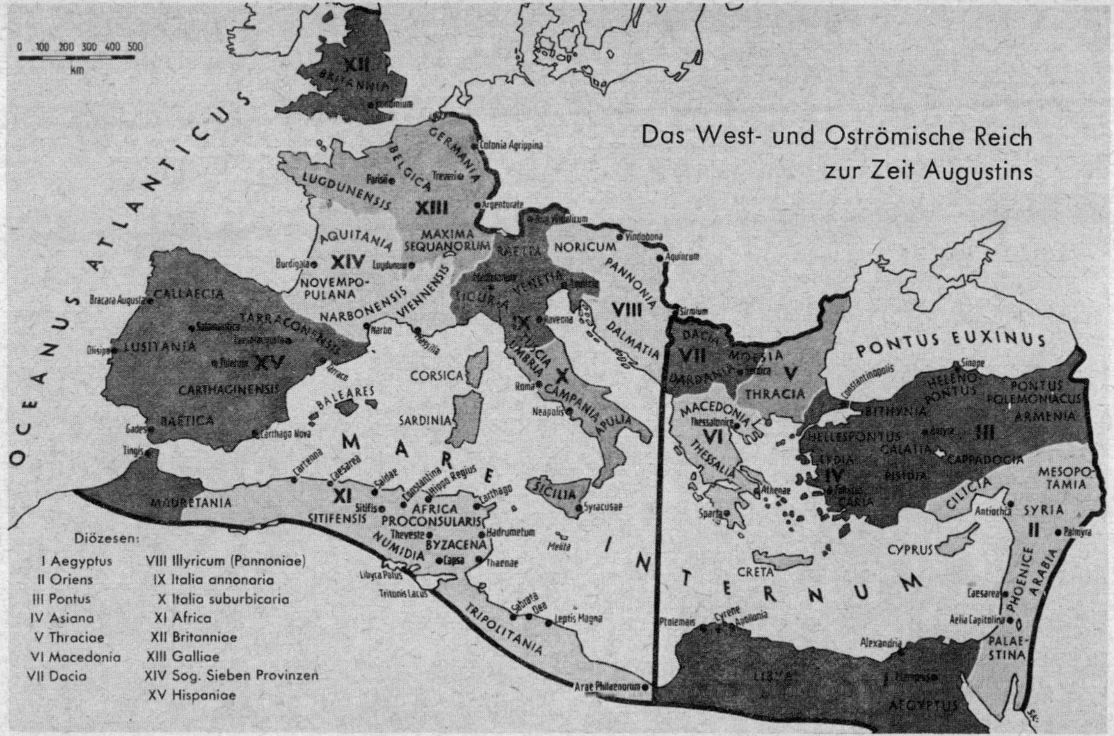

Das West- und Oströmische Reich
zur Zeit Augustins
0 100 200 300 400 500
km
OCEANUS ATLANTICUS
MARE INTERNUM
PONTUS EUXINUS
XII
BRITANNIA
XIII
GERMANIA
BELGICA
LUGDUNENSIS
MAXIMA SEQUANORUM
XIV
AQUITANIA
NOVEMPOPULANA
NARBONENSIS
VIENNENSIS
XV
CALLAECIA
LUSITANIA
TARRACONENSIS
CARTHAGINENSIS
BAETICA
BALEARES
CORSICA
SARDINIA
SICILIA
MAURETANIA
XI
SITIFENSIS
AFRICA PROCONSULARIS
NUMIDIA
BYZACENA
TRIPOLITANIA
IX
X
TUSCIA UMBRIA
CAMPANIA
APULIA
NORICUM
PANNONIA
VIII
DALMATIA
VII
DACIA
MOESIA
V
THRACIA
VI
MACEDONIA
THESSALIA
CRETA
CYPRUS
IV
HELLESPONTUS
LYDIA
CARIA
PISIDIA
GALATIA
BITHYNIA
III
PONTUS POLEMONIACUS
ARMENIA
CAPPADOCIA
CILICIA
MESOPOTAMIA
II
SYRIA
PHOENICE
ARABIA
PALAESTINA
LIBYA
AEGYPTUS
Colonia Agrippina
Treveri
Parisii
Argentorate
Lugdunum
Burdigala
Narbo
Massilia
Tarraco
Bracara Augusta
Olisipo
Gades
Carthago Nova
Tingis
Caesarea
Saldae
Sitifis
Constantina
Hippo Regius
Carthago
Hadrumetum
Theveste
Capsa
Thaenae
Tritonis Lacus
Sabrata
Oea
Leptis Magna
Arae Philaenorum
Melita
Syracusae
Roma
Neapolis
Ravenna
Vindobona
Aquincum
Sirmium
Thessalonica
Athenae
Sparta
Constantinopolis
Sinope
Ptolemais
Cyrene
Apollonia
Alexandria
Caesarea
Aelia Capitolina
Antiochia
Palmyra
Diözesen:
I Aegyptus
II Oriens
III Pontus
IV Asiana
V Thraciae
VI Macedonia
VII Dacia
VIII Illyricum (Pannoniae)
IX Italia annonaria
X Italia suburbicaria
XI Africa
XII Britanniae
XIII Galliae
XIV Sog. Sieben Provinzen
XV Hispaniae

zu erhalten. Thagaste, Karthago, Rom und Mailand waren die Etappen einer schönen Karriere, die versprach, hier nicht haltzumachen, denn Mailand war damals die kaiserliche Residenz, die Hauptstadt des abendländischen Kaiserreichs — und wir sehen Meister Augustin in den Vorzimmern der Minister sein Wesen treiben (das war das Mittel, etwas zu erreichen; er berichtet uns auf artige Weise, wie er vormittags seine Vorlesungen hielt und nachmittags derartige Gänge erledigte). Er hoffte, auf diese Weise eine Stelle als Gouverneur in der Provinz zu erlangen [19] — doch da erfolgte seine Bekehrung, die ihn auf den Lehrstuhl und eine derartige Zukunft verzichten ließ.

Der Mann, der später der heilige Augustinus werden sollte, war fast zweiunddreißig Jahre alt, als er sich entschloß, um die Taufe zu bitten. Wie in einigen Worten den bewegten Weg schildern, über den uns die *Konfessionen* in blendender Formulierung Bericht und Kommentar geben: *Wie habe ich gezögert, Dich zu lieben, o ewige Schönheit . . .? sero Te amavi, Pulchritudo tam antiqua et tam nova, sero Te amavi* [20]. Und doch hatte er den Glauben schon in der Wiege gefunden: sein Vater Patricius war Heide (er bekehrte sich erst kurz vor seinem Tod), seine Mutter Monika — die heilige Monika — war eine leidenschaftliche Christin, und sie lehrte ihn schon in seinen ersten Lebensjahren den Namen des Heilandes Christi kennen und lieben. Schon bei seiner Geburt war sie darauf bedacht, ihn als Katechumenen «mit dem Zeichen des Kreuzes segnen und mit Salz reinigen» zu lassen [21], ohne bis zur Taufe zu gehen. Sie folgte hier einem damals allgemein gehandhabten Brauch der Kirche: gewiß, die Kindertaufe war bekannt und wurde auch seit langem geübt, aber sie blieb eine Ausnahme, die zum Beispiel im Fall ernster Krankheit gemacht wurde; meistens verschob man sie bis zum Mannesalter, manchmal sogar bis aufs Totenbett — nicht, wie man sich denken könnte, aus irgendwelchen schäbigen Berechnungen heraus, die sich darauf stützen, daß das Sakrament mit einem Schlag alle Sünden abwäscht, sondern weil man die von dem Täufling eingegangenen Verpflichtungen und die daraus resultierende Verantwortung sehr ernst nahm.

Die Hindernisse, die Augustinus so lange Zeit von einem völligen Beitritt zur Kirche abgehalten hatten, waren teils sittlicher, teils intellektueller Ordnung. Der Leser erwartet vielleicht im Hinblick auf erstere einen schlüpfrigen Bericht: jeder weiß, daß unser Heiliger eine stürmisch bewegte Jugend hatte. Ich muß ihn enttäuschen. Augustinus hat zwar in seinen *Bekenntnissen* mit besorgter Strenge über diese «Liederlichkeiten» berichtet, aber sein Ton bleibt nüchtern und für einen Lateiner (man denke an Petronius, Apuleius oder Juvenal) von überraschender Feinheit. Er hat über sie ein Urteil gefällt, das mittelmäßige Geister leicht in der Strenge übertrieben finden; dieses Urteil ist jedoch richtig, jedenfalls vom Standpunkt der Theologie (es ist der Kirchenlehrer der Gnade, der Erbsünde und der Fleischeslust — und der Heilige, der spricht) oder vom Standpunkt der Tiefenpsychologie aus. Für den, der sie von außen in ihrer materiellen

Schwere sieht, schrumpft diese berühmte Liederlichkeit zu nichts zusammen.

Wir besitzen über das Studentenleben Augustins das Zeugnis eines Gegners, des donatistischen Bischofs Vincentius von Cartenna, der ihn damals kannte. Er zeigt ihn uns als vom christlichen Glauben abgewendet, gewiß, aber fleißig im Studium, ruhig und wohlerzogen [22]. Im Grunde genommen hat er, von den sogenannten Fleischessünden abgesehen, nur kleinere Vergehen zu beichten. (Die berühmten Birnen, die er im Obstgarten eines Nachbarn gestohlen hatte [23].)

Aus einigen dunklen Äußerungen [24] hat man manchmal geschlossen, daß er Päderast war (die Homosexuellen versäumen niemals, in der Litanei der Helden ihrer Sekte auch Augustinus anzurufen). Das ist ein Irrtum. Aus dem Studium des vorhandenen Materials schließt der kompetente Psychiater, daß Augustin eine «normale sexuelle Konstitution» besaß [25]. Daß er frühzeitig «verdorben» war (Müßiggang mit fünfzehn Jahren hat noch nie etwas getaugt), daß er Abenteuer erlebt, daß seine zügellose Sinnlichkeit früh schon die kindliche Frömmigkeit in ihm zum Erlöschen gebracht hat, all das ist gewiß. Aber wenn wir die Daten genau betrachten [26], dann stellen wir fest, daß er sich mit siebzehn Jahren in freier Liebe an eine Gefährtin gebunden hatte, was die Zeitsitten und das Gesetz, wenn auch nicht die christliche Moral, als ganz normal ansahen; daß er von da an keine andere Frau gekannt hat und daß er der Frau, die ihm im ersten Jahr einen Sohn, Adeodat, geschenkt hat, vierzehn Jahre lang treu geblieben ist.

Man hat viel über diese Frau phantasiert, deren Namen man nicht kennt (es gibt Bücher, die «Derjenigen, die von Augustin geliebt wurde», gewidmet sind, *ad matrem ignotam Adeodati* [27]); Augustin selbst scheint sie nicht vergessen zu haben. Er sagt uns, daß sie nach Afrika zurückkehrte und das Gelübde ablegte, ihm treu zu bleiben, nachdem er sie verlassen hatte [28]; in einem sechzehn Jahre nach dieser Trennung geschriebenen Text befaßt sich Augustinus, der zu dieser Zeit schon Bischof ist, abermals mit seinem Fall; auch hier nennt er ihren Namen nicht und wagt nicht, sie zu belasten ... [29]

Denn diese Bindung hatte auf die Initiative Monikas hin ein jähes Ende gefunden. Sie sah in einer regelrechten Ehe, die den Normen der Kirche und der Welt entsprach, eine ideale Lösung für die Schwierigkeiten ihres Sohnes. Wenn man sich darüber wundert, daß sie nicht eher daran gedacht hatte, die Lage in Ordnung zu bringen, dann ist man nicht sehr vertraut mit der aristokratischen Struktur der römischen Gesellschaft: eine solche Ehe konnte nicht nur in sozialer Hinsicht undenkbar erscheinen, sondern auch gesetzlich unmöglich sein. Die kaiserliche Gesetzgebung verbot den *honestiores* wie Augustin, Frauen niedriger Herkunft zu ehelichen — und das war ohne Zweifel bei der Mutter von Adeodat der Fall.

Auch war es nicht die gewöhnliche Lösung einer christlichen Ehe, bei der Augustin stehenblieb. Für ihn [30] (wie auch für die Freunde, die ihn in seiner Entwicklung begleiteten [31]) war die Bekehrung zum

Christentum eng an eine Bekehrung zum vollkommenen Leben, zum mönchischen Ideal von Askese und Keuschheit gebunden. Der Bericht der *Confessiones* läßt hierüber keinen Zweifel: als Augustin alle theoretischen Hindernisse überwunden hatte, blieb er noch eine Weile zögernd auf der Schwelle stehen, eben gerade weil er nicht den Mut zur Enthaltsamkeit in sich fühlte (da die von Monika geplante Hochzeit nicht vor zwei Jahren stattfinden konnte, hatte Augustin, kaum frei, sich beeilt, eine zweite Konkubine zu nehmen [32]); und was schließlich den letzten Anstoß zu seiner Bekehrung gab, war ein Aufruf zur Reinheit und Keuschheit, den er bei St. Paulus nachgelesen hatte. Auch darüber hat man sich oft gewundert, vor allem in unserer Zeit, die so viel Wert auf die Heiligkeit der Ehe legt. Gewiß, weder Augustin noch seine Freunde haben jemals die Rechtmäßigkeit

Siegel des Mani, in Bergkristall geschnitten. Die syrische Inschrift lautet: «Mani, der Apostel von Jesus Christus» (Münzkabinett, Bibliothèque National)

dieses Sakramentes, noch die Möglichkeit einer derartigen Heiligkeit bestritten. Wenn sie sich davon abwandten, dann vielleicht, weil die heidnische Zivilisation, mit der sie getränkt waren, mit der sie bis hierher gelebt hatten, in einem derartigen Maße den Begriff sexuellen Lebens beschmutzt hatte, daß es ihnen psychologisch leichter erscheinen mochte, darauf zu verzichten, als die tägliche Erfahrung ehelichen Lebens mit dem christlichen Geist zu durchdringen.

Ernster und viel komplexer waren die Schwierigkeiten, die sich vom Intellektuellen her ergaben. Als Augustin mit achtzehn Jahren eine philosophische Berufung in sich fühlte, suchte er, da er christlich

Manichäische Malerei, aus der Bäzákeik-Grotte (Musée Guimet, Paris)

erzogen war, natürlicher Weise im Christentum Befriedigung für seinen Hunger nach Wahrheit und Weisheit, den die Lektüre des *Hortensius* in ihm erregt hatte. Er versuchte, die Bibel zu studieren – und war bald abgestoßen und enttäuscht [33]. Der Fall ist alltäglich: Versagen der Familie und der Kirche in der Entwicklung eines jungen Intellektuellen; naiver Hochmut von seiner Seite, Schwierigkeiten mit der Bibel – das Buch der Bücher verkörpert das ganze Ärgernis des Kreuzes, «denn es gefiel Gott, durch die Torheit der Predigt selig zu machen, die glauben» (1. Kor. I, 21). Für Renan und Loisy handelte es sich um historische Schwierigkeiten; für Augustin wie auch später für die Humanisten der Renaissance handelte es sich um Fragen grammatikalischer und stilistischer Reinheit (die Heilige Schrift erschien ihm zu «niedrig» und nicht würdig, mit der Erhabenheit Ciceros verglichen zu werden): der kulturelle Zusammenhang kann sich ändern, das Ärgernis bleibt immer das gleiche.

Die katholische Religion erschien ihm richtig für die Einfachen, wie Monika, aber eines gebildeten Intellektuellen unwürdig. Die Jünger des Mani [34], des iranischen Propheten (216 – 277), zogen ihn an. Seine Religion, eine Abart des alten Gnostizismus, hatte sich trotz mannigfacher Verfolgung bis ins Abendland ausgedehnt. Sie war wie geschaffen, den jungen karthagischen Rhetor zu verführen. Sie bot sich dar als eine höhere, vollendete Form des Christentums und ließ sich deshalb mit dem trotz allem in ihm lebendig gebliebenen Glauben an Christus vereinbaren. Mani, der «Apostel Jesu Christi», gab sich als der im Evangelium verheißene Tröster aus, was ihn nicht hinderte, im Iran die Nachfolgerschaft Zarathustras und in Zentral-Asien oder China (denn der Manichäismus hat sich bis dorthin ausgebreitet) diejenige Buddhas in Anspruch zu nehmen.

Aber diese geoffenbarte Religion wagte es vor allem, sich als eine wissenschaftliche, rational bewiesene Lehre zu bezeichnen. Sie versprach damit, die Glut des jungen Denkers zu stillen, der das Glaubensjoch noch nicht ertragen konnte. Sogar der Charakter der Geheimwissenschaft berauschte ihn: der Okkultismus hat eine verführerische Anziehungskraft auf die Seelen der Spätantike ausgeübt.

Außerdem, oder vielleicht vor allem, hatte der Manichäismus das sittliche Problem bequem gelöst, indem er auf paradoxe Weise das höchste Ideal mit der mühelosesten Lebensweise vereinte. Der streng dualistische Manichäismus empfiehlt eine viel härtere und unbedingtere Askese als die christliche Orthodoxie. Es gibt zwei Prinzipien des Seins, das des Guten und das des Bösen, und alles, was im Schoße des Kosmos existiert, entstammt einer unheilvollen, aber nur provisorischen Mischung von guten und bösen Elementen. Das Ideal eines heiligen Lebens ist es also, daran zu arbeiten, die Teile des Lichtes zusammenzuziehen und von den Schlacken der Finsternis zu befreien. Das bedeutet sexuelle Enthaltsamkeit (vor allem die Zeugung ist verboten), Untätigkeit und strenge Fastenvorschriften: kein Fleisch, kein Blut, keinen Wein — alle «dunklen» Nahrungsmittel sind untersagt. Die «lichten» Nahrungsmittel sind hingegen sehr empfohlen, schönfarbiges Obst, Melonen und Kürbisse, Früchte, deren Lichtteile sich mit der eigenen leuchtenden Substanz dessen zusammenballen, der sie verzehrt. Aber, und darin liegt das Wesentliche, nur die Eingeweihten, eine kleine Zahl außergewöhnlicher Seelen, die «Erwählten», verpflichten sich zur Einhaltung dieser Vollkommenheitsregel. Die Masse der anderen, die sogenannten «Hörenden», waren gehalten, einen sehr viel einfacheren moralischen Kodex zu beachten. Höchstens durch ihre guten Werke, d. h. im besonderen durch die Dienste, die sie den «Erwählten» leisteten, konnten sie Verdienste erwerben und es dazu bringen, in einem späteren Leben im Körper eines «Erwählten» wiedergeboren zu werden. Man errät, daß Augustinus nur nach dem einfachen Rang eines «Hörenden» trachtete.

Neun oder zehn Jahre lang stand er dieser Sekte nahe [35]. Ganz Feuer und Flamme, stürzte er sich zu Anfang mit Begeisterung auf sie und riß eine Gruppe seiner Freunde mit [36]; er hatte teilweise große Mühe, sie später dem Katholizismus zurückzugewinnen [37]. Die Jahre flossen jedoch dahin, und nach und nach gingen ihm seine Illusionen verloren: der Manichäismus offenbarte sich als das, was er war, nämlich als phantastischer Mythologismus, der recht weit entfernt war von philosophischer Strenge. Augustin lernte die Prüfungen und Enttäuschungen kennen, die jeder Geheimlehre innewohnen: die Offenbarung, die alle Zweifel vertreiben soll, bleibt immer für morgen. Als man ihm nach neun Jahren endlich eine Begegnung mit dem großen Mann der afrikanischen Manichäer, Faustus von Mileve, gewährte, fand er nicht den Quell der Weisheit, an dem er seinen Durst zu stillen gehofft hatte [38].

Er löste sich vom Manichäismus, aber ohne sich sofort von gewissen Formen des Denkens befreien zu können, die ihn weiter dem orthodoxen Glauben fernhielten (seine Gegner behaupteten später, er habe immer etwas davon beibehalten): der manichäische Materialismus — denn das Licht ist Materie wie die Finsternis — hindert ihn, sich eine echte Vorstellung von dem Geist, und also von Gott zu machen. Auch die vom Gnostizismus erneuerten Einwände gegen den israelitischen Gott und das Alte Testament mit seinen anstößigen oder grausamen Zügen, die vom Geist des Evangeliums so weit entfernt sind, standen ihm im Wege.

Um diese Hindernisse zu beseitigen, mußte Augustinus nach Mailand berufen werden und den heiligen Ambrosius im Kreise der katholischen Intellektuellen, die ihn umgaben, kennenlernen (das Paradoxe ist, daß diese Berufung das Werk manichäischer Freunde war, die sich bei Symmachus, dem Präfekten Roms und Führer der heidnischen Partei, für Augustin verwendet hatten[39]). Augustin hat keine engen, direkten Beziehungen zum Bischof von Mailand geknüpft, aber er hörte sich eifrig seine Predigten an und wurde vor allem von seiner Beredtsamkeit und Gelehrsamkeit angezogen. Er merkte bald, daß die geistliche Auslegung, die Ambrosius, der Tradition der Patristik treu, dem Alten Testament gab, alle

Bildnis des heiligen Ambrosius
S. Ambrogio, Mailand, 4. Jahrhundert

Angebliche Porträtbüste Plotins. Rom, Vatikan-Museum

Schwierigkeiten, die die Manichäer so geflissentlich ausgenutzt hatten, zerrinnen ließ.

Aber vor allem durch Ambrosius selbst (der in der Philosophie besser Bescheid wußte, als man noch bis vor kurzem glaubte[40]), durch seinen theologischen Ratgeber und zukünftigen Nachfolger, den Priester Simplician[41], und durch andere Gelehrte seiner Umgebung, wie den berühmten Mallius Theodorus[42], entdeckte Augustinus den Neu-Platonismus und die christliche Interpretation, die man ihm in diesem Kreis gab: für die mailändischen Katholiken war der Neu-Platonismus das, was für die Scholastik des XIII. Jahrhunderts die aristotelische Lehre werden sollte. Er war d i e Philosophie schlechthin, die rational verankerte Wahrheit, eine Philosophie, die um den Preis einiger Retuschen oder Transponierungen sich als fähig erwies, dem christlichen Glauben zu helfen, sich über seine innere Struktur klarzuwerden und sich in der Theologie zurechtzufinden. Es war in diesem Milieu ganz natürlich, von den *Enneaden* zum Prolog des Johannesevangeliums oder zum heiligen Paulus überzugehen.

Augustinus merkte erst nach und nach, wie viele Züge, die sich auf das Christentum nicht anwenden lassen, der Platonismus trotz allem aufwies. Die Verachtung des Körpers brachte ihn beispielsweise in Widerspruch zur christlich-authentischen Auffassung vom Menschen, der nicht nur eine Seele hat, sondern auch den Leib, dem die Auferstehung verheißen ist. Aber zunächst war er entzückt. Die Lektüre einiger Abhandlungen von Plotin und Porphyrios, die ihm durch die Übersetzung ins Lateinische von Marius Victorinus — einem afrikanischen Rhetor und berühmten Konvertiten — zugänglich waren, entflammten in ihm ein *«unglaubliches Feuer»*[43], wie er einige Monate später an seinen alten Beschützer Romanianus schrieb. Hier liegt das entscheidende Erlebnis, das die ganze intellektuelle und geistliche

Entwicklung Augustins bestimmte. Mit einem Schlage waren alle Schwierigkeiten überwunden: die Entdeckung der übersinnlichen Welt und ihrer eminenten Realität zerstreute die materialistischen Abirrungen. Eine Erkenntnistheorie von wohlbegründetem Dogmatismus beseitigte den Skeptizismus der Neuen Akademie, der den entmutigten Augustinus beinahe verführt hätte.

Von da an bestand das Problem für ihn weniger darin, zu glauben, als zu handeln; einige Zeit noch quälten ihn schwere innere Kämpfe, er zögerte noch immer zwischen seinem weltlichen Streben — nach Ehre, Geld und Ehe [44] — und dem Ruf nach vollkommenem Leben. Der letzte Impuls ging von einem Bericht aus, den ihm ein Freund über die Bekehrung zweier junger Soldaten machte, die sich unter dem Einfluß der Lektüre über das Leben des heiligen Antonius — des Vaters der Mönche — bekehrt hatten, sowie von der Entdeckung des mönchischen Ideals [45].

Wir haben von Augustinus selbst den Bericht über seine endgültige Entscheidung: es handelt sich um die berühmteste Szene aus den *Bekenntnissen* [46], die von der Kritik unserer Historiker mit peinlichster Genauigkeit untersucht worden ist; und doch ist in ihr alles ganz

«Gartenszene» (?), Schule des Fra Angelico (Museum von Cherbourg)

einfach und natürlich. Immer noch zerrissen von der Sehnsucht nach Entscheidung, meditierte er im Garten seines Hauses in Mailand in der Nähe seines Freundes Alypius. Er hörte die Stimme eines Kindes, die ihm zu singen schien: «*Tolle, lege*» (*Nimm, lies*). Er schlug das Buch des heiligen Paulus auf, das er schon seit einiger Zeit nicht mehr aus der Hand gelegt hatte (die ihn zu besuchen kamen, fanden es auf seinem Tisch liegen), und er hatte es wie selbstverständlich mit in den Garten genommen[47]. Wir wissen, was er dort fand: «*Nicht*

Grenzstein der römischen Stadt Hippo Regius

in Schmausereien und Trinkgelagen, nicht in Schlafkammern und Unzucht, nicht in Zank und Streit sucht euer Heil, sondern zieht den Herrn Jesus Christus an, und pflegt nicht das Fleisch zur Erregung eurer Lüste.[48]»

Eine Erleuchtung überkam ihn; die Entscheidung war gefallen; sie hieß: in die Kirche eintreten und auf die Welt verzichten. Noch einige Wochen des Unterrichts, die Ferien kamen heran, und er verließ die

Stadt[49]. Er zog sich in Begleitung seiner Mutter, seines Sohnes und einiger Schüler und Freunde auf die Besitzung eines seiner Kollegen nach Cassiciacum (30 km nördlich von Mailand in den Hügeln von Brianza) zurück, um dort die wenigen Monate zu verbringen, die ihn noch vom Empfang der Taufe trennten, die am kommenden Osterfest stattfinden sollte. Ruhig geworden, weil er sich entschieden hatte, verfaßte er seine ersten philosophischen Dialoge und führte jenes Leben der Einkehr, des Gebets und des Studiums, in dem er hinfort sein Ideal sah. Es war eine Synthese zwischen dem *bios philosophikos* der Griechen, dem *otium liberale* Ciceros und dem christlichen Einsiedlerleben.

Monika starb plötzlich in Ostia in dem Augenblick, in dem man sich einschiffen wollte[50]. Das verzögerte die Rückkehr nach Afrika um ein Jahr[51]. Augustinus kehrte nach Thagaste zurück, verkaufte die väterlichen Besitzungen, versammelte seine treuesten Freunde um sich und baute eine Art Klostergemeinschaft auf, in der er den Rest seiner Tage in Andacht, Askese und Vertiefung in seine philosophische und religiöse Berufung zu verbringen hoffte[52]. Diese glückliche Zeit sollte in Wahrheit kaum drei Jahre dauern (vom Herbst 388 bis Anfang 391) ...

Der Verzicht auf die Welt, so wie ihn Augustin und das alte Mönchstum auffaßten, schloß auch das Sich-Fernhalten von Ehre und öffentlichen Kirchenämtern ein. Er berichtet uns tatsächlich, daß er, wenn er Thagaste verließ, wohl acht darauf gab, sich nicht in eine Stadt zu begeben, deren Bischofssitz gerade frei war und ihm hätte angeboten werden können[53]. Aber die Hand Gottes führte ihn eines Tages nach *Hippo Regius*, dem heutigen Bône. In die Kirche eingetreten, hörte er, wie der Bischof Valerius seinem Volke die Wahl eines Priesters vorschlug, der geeignet sei, ihm vor allem im Predigeramte beizustehen. (Valerius war alt und als geborener Grieche ungeschickt in der lateinischen Predigt.) Man kann sich vorstellen, daß Augustins Ankunft nicht unbemerkt geblieben war. Es gab nur einen Schrei: «Augustinus, Priester!» Man ergriff ihn, stieß ihn nach vorne bis zum Chor und beschloß trotz seiner Weigerung und seiner Tränen seine Ordination[54].

Derartige Vorgänge waren damals nichts Ungewöhnliches: der heilige Ambrosius ist durch Zuruf und Zujubeln zum Bischof von Mailand gewählt worden, als er, der ein einfacher Katechumene war, in seiner Eigenschaft als Statthalter der Provinz eingriff, um Ordnung in die lärmende Versammlung zu bringen. Man wundert sich heute häufig darüber und macht sich von der «geistlichen» Berufung eine zu subjektive und infolgedessen falsche Vorstellung; die Berufung ist ein Ruf, den die Kirche (normalerweise durch die Stimme eines Bischofs) an einen Christen richtet, mit der Bitte, sich in den Dienst der Gemeinde zu stellen.

Augustin antwortete, betrübt aber entschlossen, mit der Hingabe seines ganzen Herzens auf diesen Ruf, der von ihm eine völlige Änderung seines Lebens und die Aufgabe seiner schönsten Hoffnungen

Gesamtansicht der großen christlichen Basilika und ihrer Nebengebäude

verlangte. Der heilige Hieronymus hatte unter ähnlichen Umständen den Priesterstand nur unter der Bedingung angenommen, daß er von allen hirtenamtlichen Verpflichtungen befreit bleibe. Augustinus hat diesen Verteidigungsreflex des in seinen geliebten Studien bedrohten Intellektuellen nicht gehabt. Er war bereit, seine Liebe zu einem kontemplativen Leben auf die Anforderungen eines Amtes zu übertragen, das sich bald als drückend erwies. Aber ein derartiges Opfer bleibt schon in dieser Welt nie ohne Belohnung. Wir können ohne Anstrengung ermessen, was der Geist Augustins bei der vorbehaltlosen Hingabe an diese befruchtende Dienstbarkeit gewann. Er ist wirklich der Intellektuelle geworden, der sich in den Dienst des Volkes gestellt, der seinen Elfenbeinturm verlassen und seine persönlichen Interessen zurückgestellt hat. Vor Gott für eine ganze Gemeinde verantwortlich, öffnet er sich weit den wirklichen Problemen und der Kenntnis des Lebens und der Menschen. Der Dienst am anderen läßt ihn das Mysterium Christi, den «ganzen Christus», *Christus totus*, erfahren. Man kann ihn erst kennen und voll lieben, wenn man ihn lebendig unter den geringsten seiner Brüder erkannt hat.

Der Historiker muß hinzufügen (auch wenn er einige Leser damit betrüben muß), daß die Religion Augustins, die tief christlich geworden war, auch nach und nach authentisch und vollständig «ka-

tholisch» wurde – und dies sogar in dem Sinn, in dem der liberale Protestantismus leicht geniert von «Vulgärkatholizismus» spricht. Im Kontakt mit dem Volksglauben, seinem Reichtum und seiner Demut, lernte er die Formen der Frömmigkeit wie Märtyrerkult, Reliquien und Wunder verstehen, an denen sich die Ansprüche seiner reinen aber stolzen Philosophie zuvor gestoßen hatten.

Mit sechsunddreißig Jahren Priester und fünf Jahre später zum Hilfsbischof von Valerius [55] geweiht, dessen bischöfliche Nachfolgerschaft er bald antreten sollte, blieb St. Augustinus bis zu seinem Tod, d. h. fast vierzig Jahre lang, an die Kirche von Hippo Regius gebunden.

Man hat manchmal bedauert, daß sich ein so großes Genie so vorbehaltlos für eine kleine Handvoll unwissender Gläubiger in der Abgeschlossenheit einer abseits gelegenen Provinz verausgabt habe. Das ist unrichtig gesehen: Hippo war nicht der kleine Sitz, für den man ihn hält, und Augustin war dort nicht eingesperrt. Neuerliche Ausgrabungen haben uns die prachtvolle Anlage der römischen Stadt Hippo und die Erhabenheit ihrer kirchlichen Gebäude enthüllt. Hippo war die zweitgrößte Stadt Afrikas und kam gleich nach Karthago.

Welches auch der von Augustin in der afrikanischen Hierarchie eingenommene Platz gewesen sein mag (die numidischen Bischöfe nahmen ihren Rang je nach dem Alter ihrer Weihe ein, der Dekan, *senex*, hatte die Funktion eines Primas), seine persönliche Bedeutung und Tüchtigkeit und seine umfassende Tätigkeit sicherten ihm einen erstrangigen Platz. Schon als einfachen Priester sehen wir ihn damit beauftragt, vor dem gesamten afrikanischen Episkopat, der in Hippo zum Konzil versammelt war, zu predigen [56]. Während seiner ganzen Bischofszeit wurde er sehr häufig nach auswärts berufen, vor allem nach Karthago, wo er oft gepredigt hat. Das unbestrittene Haupt der afrikanischen Kirche war der Primas von Karthago. Während der ganzen kirchlichen Laufbahn Augustins lag dieses Amt in den Händen seines Freundes Aurelius, der ihn verstand und ihn einzusetzen wußte, indem er ihm gerne Wort und Feder überließ. In Wirklichkeit war Augustin diese ganze Zeit über der eigentliche Beleber der ganzen afrikanischen Kirchenpolitik.

Dank der eifrigen Bemühungen seines Freundes Alypius, der auf den Bischofsstuhl ihrer Geburtsstadt Thagaste berufen wurde, als Augustin noch ein einfacher Priester war, und sich als reicher, kühner und reisefreudiger Mann sehr aktiv öffentlich für seinen Meister und Freund einsetzte, trat Augustinus in schriftliche Beziehungen zum heiligen Paulinus, Bischof von Nola in Kampanien [57], und zu dem heiligen Priester Hieronymus, Mönch in Bethlehem [58] (zu dem die Beziehungen lange Zeit alles andere als harmonisch waren, wenn sie auch schließlich freundschaftlich wurden). Er blieb in Verbindung mit Simplician von Mailand, vermittelte bei den jeweiligen Päpsten, Ministern und Kaisern, und seine Korrespondenz erstreckte sich bis nach Gallien und Dalmatien. Sein Ruf dringt schließlich bemerkenswerterweise bis in den Orient (infolge des pelagianischen Streites, der immer weitere Kreise gezogen hatte): einige Wochen nach Augustins Tod kam der Gesandte des Kaisers Valentinian III. nach Hippo, um ihn einzuladen, bei dem großen ökumenischen Konzil in Ephesus, das für 431 einberufen war, zu präsidieren [59].

Trotz alledem hat St. Augustinus sich vor allem und hauptsächlich in den Dienst seiner Kirche in Hippo gestellt. Er hatte Mönch bleiben wollen und richtete im Schatten seiner Kathedrale eine Art Kloster ein [60], so wie Eusebius von Vercelli fünfzig Jahre vorher das Beispiel dazu gegeben hatte; dort lebte er als Bischof in Gemeinschaft mit seinen Priestern, Diakonen und anderen Klerikern unter einer strengen Regel: Askese (eine maßvolle Askese; Augustin lag besonders in Hinsicht auf die Ernährung daran, der manichäischen Überforderung auf diesem Gebiet entgegenzuwirken), Keuschheit (die «Klausur» wurde streng eingehalten) und vor allem Armut (jeder, der in die Gemeinschaft eintrat, gab sein Hab und Gut auf). Diese bischöfliche Gemeinschaft, die im Mittelalter den Aufbau der Domherrn-Gemeinschaften inspirieren sollte, war eine Art Bildungsstätte der afrikanischen Kirche, der sie außer den einfachen Klerikern wohl zehn Bischöfe schenkte, die vom gleichen Ideal beseelt waren. Der erste Biograph Augustins, Possidius, der selbst in diesem Kloster geschult worden ist, ehe er Bischof von Kalama wurde, berichtet uns darüber.

Im Vergleich zum gewöhnlichen Mönchswesen bietet der so entwickelte Lebensstil neue Züge: sein Ziel ist das apostolische Leben,

Das Forum von Hippo

und alles (zum Beispiel die sonst so wichtige Handarbeit) wird dieser Aufgabe geopfert. Augustin denkt vor allem daran, seine erdrückenden Pflichten als Bischof zu erfüllen.

In erster Linie waren die eigentlich religiösen Funktionen auszuüben: das kirchliche Leben war zu jener Zeit noch stark um die Person des Bischofs zentriert. Er hatte der – täglichen – Feier der Liturgie vorzustehen, er hatte die Sakramente zu spenden und zu predigen: die «lehrende Kirche» war der Bischof. Im Abendland war es ungewöhnlich, daß der Bischof diese Aufgabe auf einen einfachen Priester

Hippo: die großen Thermen

übertrug, wie es mit Valerius und Augustin geschehen war. Predigt am Sonntag, Predigt an Feiertagen wie an anderen Tagen, ja selbst mehrere Male am Tag; die etwa fünfhundert *Sermones*, die wir von ihm besitzen, so wie sie die Schreiber nach Diktat gesammelt haben, geben Zeugnis von dem Ausmaß und dem Wert dieser Unterrichtsform. Auch leitete der Bischof von Hippo die katechetische Unterweisung der Konvertiten und zukünftigen Täuflinge; hinzu kam der private Religionsunterricht, den er gab, die geistliche Führung der ihm anvertrauten Seelen (seine Korrespondenz zeigt ihn uns als aufmerksamen Hirten der verschiedenartigsten Seelen) und die karitativen Werke, die im Kirchenleben jener Zeit eine große Rolle spielten. Die Verantwortlichkeit Augustins dehnte sich nach und nach immer weiter aus: als Verteidiger der Armen tritt er bei Herrschern und Obrigkeit vermittelnd für Schuldige und Unterdrückte ein[61]. einmal handelt es sich um die Respektierung des Asylrechtes[62], ein anderes Mal sehen wir ihn von einer Waisenvormundschaft bedrängt und von der beschwerlichen Sorge, für die Waise einen Ehemann zu finden[63].

Zu den bischöflichen Funktionen gehörte außerdem die eigentliche Verwaltung des Kirchenpatrimoniums: Ländereien oder unbewegliche Habe, die aus Schenkungen stammten und in den Augen von Neidern schnell verdächtig wurden, Gaben in Naturalien oder Geld, die für den Kult oder für die Armen bestimmt waren. All das findet auch heute noch sein Äquivalent, aber im IV. und V. Jahrhundert umfaßten die Aufgaben eines Bischofs noch weit mehr Pflichten. Das christliche Imperium ging auf einen Typ der Christenheit zu, der schon Züge des Mittelalters vorwegnahm, in dem sich Geistliches und Zeitliches, die Kompetenz der Kirche und die des Staates, annäherten und auf unauflösliche Weise miteinander verquickten. Seit Constantin hat der Staat die juristische Kompetenz des Episkopats in Zivilprozessen anerkannt, und von da an wurde der Episkopat den Gerichten vorgezogen. Selbst die heidnischen Prozeßführer wandten sich immer häufiger an den Bischof als an einen unparteiischeren, gerechteren und auch menschlicheren Richter. Das ist leicht zu verstehen, wenn man um die Grausamkeit der Justizprozesse und um die allgemeine Anwendung der Folter weiß (der heilige Augustinus schmeichelt sich an irgendeiner Stelle, daß er nie ein strengeres Sühnemittel als die Rute angewendet hat). Die Aufgabe, Recht zu sprechen (und es handelt sich um die weltlichsten Dinge: Erbschaft, Vormundschaft, Besitzfragen, Grenzscheidungen), ist für einen Bischof wie Augustin die schwerste Verpflichtung. Jeden Morgen nach der Liturgie nahm er seinen Richterstuhl ein, um die Prozeßführer bis zum Ende des vormittäglichen Fastens anzuhören, das sich dann an Tagen des Zudrangs bis weit über Mittag in die Abendstunden erstreckte[64].

Wenn man sich die Gesamtheit der Arbeiten vergegenwärtigt, die im Dienste der Kirche Afrikas geleistet werden mußten — Reisen, Predigten, Konzile, Verhandlungen, Dispute und Synoden, alle diese

Die Hauptstraße (Decumanus maximus) in Hippo

Dinge, die ihn so häufig und manchmal so lange aus seiner Diözese abberiefen, daß das Volk Hippos zu protestieren begann —, dann versteht man die schmerzliche Klage, die sich durch die ganze Korrespondenz des heiligen Augustin zieht, der vom Gewicht seines Amtes, *episcopalis sarcina*, erdrückt wurde [65]. Dann erst ermißt man das Ausmaß des Opfers, das ein derartiges Amt für diese innerliche Seele, diesen kontemplativen Denker bedeuten mußte, dem jede Form des Handelns, außer der des Schreibens, unerträglich schien.

Aber wie auch die Umstände sein mögen, eine echte Berufung erweist sich immer als ununterdrückbar. Das Bewunderungswürdige liegt darin, daß der heilige Augustin bei einem so ausgefüllten Leben nicht nur seiner kontemplativen Berufung treu geblieben ist, sondern daß er darüber hinaus auch noch ein riesiges Werk hinterlassen hat; der gute Possidius fragt sich, ob es jemals jemandem möglich sein wird, dieses Werk ganz zu lesen [66]. Es besteht aus 113 Schriften, von denen einige beträchtlichen Umfangs sind, 218 Briefen und den uns erhaltenen 500 Predigten . . .

Das war nur unter großen Schwierigkeiten möglich. Die Abfassung seiner großen Werke — mit Ausnahme der *Confessiones* — hat Jahre und Jahre gedauert. Er hat zwanzig Jahre gebraucht, um die XV *Bücher über die Dreifaltigkeit* zum Abschluß zu bringen, dreizehn oder vierzehn Jahre für die XII *Bücher über die Genesis*, zweiundzwanzig Jahre für den *Gottesstaat*, ohne von den Werken zu reden, deren Niederschrift unterbrochen worden ist, wie *De doctrina Christiana*, das — zu zwei Drittel fertig — dreißig Jahre liegen blieb, ehe es wieder aufgenommen und zu Ende geführt wurde. Diese langen Verzögerungen haben zwar zur Vertiefung seiner Gedanken beigetragen (was besonders am *Gottesstaat* deutlich wird: dieses Buch, das zu Beginn

Das Baptisterium

nur eine einfache, von der Katastrophe von 410 inspirierte Gelegenheitsschrift ist, entwickelt sich nach und nach zu jener mächtigen *Summa contra Paganos*), sind andererseits aber auch verantwortlich für viele Mängel.

Je mehr Jahre verstreichen, je bedrohlicher das Alter herannaht, um so energischer sehen wir Augustin sein Werk und die Muße, die es fordert, gegen das Überwuchern äußerlicher Tätigkeit verteidigen. 414 — er ist sechzig Jahre alt — bemüht er sich, allen Außendienst einzuschränken. Er möchte sich mit den Angelegenheiten, die seiner Diözese fremd sind, nicht mehr befassen [67]; (er ging tatsächlich einige Jahre hindurch nicht nach Karthago — aber bald sollte die Entwicklung der pelagianischen Krise ihn zu erneuten Reisen zwingen); 426 — er ist zweiundsiebzig Jahre alt — überträgt er die größte seiner kirchlichen Funktionen auf seinen ernannten Nachfolger, den Priester Heraclius. (Es ist etwa die gleiche Lage, in der sich Augustinus zu Beginn Valerius gegenüber befunden hatte; aber um die kanonische Regelwidrigkeit zu vermeiden, mit der seine Weihe befleckt gewesen war, erhält Heraclius die Bischofswürde erst nach dem Tode seines Vorgängers.) Es ist abgemacht, daß Augustinus fünf Tage in der Woche alle Störungen ferngehalten werden sollen, damit er in Ruhe seinen Arbeiten nachgehen kann — wie es ihm das numidische und afrikanische Konzil geraten hatten [68].

Er wußte wohl, daß sein geschriebenes Werk nicht das Unwichtigste an seinem Leben war. Er hatte das Gefühl, daß er sich hier der ganzen Kirche nützlich machen konnte, sowohl der Kirche seiner Zeit, als auch der Kirche der Zukunft [69]. Wir sehen ihn am Ende seines Lebens damit beschäftigt, seine Bücher in Ordnung zu bringen, einen Katalog aufzustellen, sie noch einmal durchzusehen und ihre Erhaltung für die Nachwelt [70] zu sichern.

NACHWEISE

1. Aus dem Arabischen: unter einem besonderen Schutz Gottes stehend (Anm. d. Übers.).
2. Civitas Dei II, 29.
3. Confessiones II, 3 (5); Briefe 126, 7, 157, 4 (59).
4. Confessiones II, 3 (5).
5. Contra Academicos II, 2 (3).
6. Confessiones I, 13 (20); 14 (23).
7. Confessiones IX, 8 (17) ff.
8. Enarratio in Psalmum 57, 7.
9. Confessiones III, 4 (7); VIII, 7 (17).
10. Confessiones IV, 16 (28).
11. Confessiones III, 4 (7).
12. Confessiones IV, 1 (1), 4 (7).
13. Confessiones VII, 7 (12); Contra Academicos II, 2 (3).
14. Confessiones VI, 7 (11).
15. De cura pro mortuis gerenda 11 (13).
16. Confessiones VI, 7 (11) ff.
17. Confessiones V, 8 (14), 12 (22).
18. Confessiones V, 13 (23).
19. Confessiones VI, 11 (18—19).
20. Confessiones X, 27 (38).
21. Confessiones I, 11 (17).
22. Brief 93, 13 (51).
23. Confessiones II, 4 (9) ff.
24. Confessiones II, 1 (1); III, 1 (1).
25. Bernhard Legewie, Augustinus. Eine Psychographie. Bonn 1925.
26. Confessiones VI, 2 (2); IX, 6 (14).
27. Vgl. z. B. Louis Bertrand, Saint Augustin. Paris 1913. — Deutsch. Paderborn 1927.
28. Confessiones VI, 15 (25).
29. De bono conjugali 5 (5).
30. Confessiones VIII, 1 (2), 6 (13), 7 (17).
31. Confessiones IX, 3 (11).
32. Confessiones VI, 13 (23), 15 (25).
33. Confessiones III, 5 (9); Sermo 51, 4—5.
34. Confessiones III, 6 (10) ff.
35. Confessiones IV, 1 (1).
36. Confessiones IV, 4 (7); VI, 7 (12).
37. Contra Academicos II, 3 (8); De vera religione 7 (12); De utilitate credendi 1.
38. Confessiones V, 6 (10) ff.
39. Confessiones V, 13 (23).
40. Vgl. Ambrosius, De Isaac; De bono mortis.
41. Confessiones VII, 1 (1) ff; Civitas Dei X, 29, 2.
42. De beata vita 1 (1—5); Retractationes 2; vgl. Confessiones VII, 9 (13).
43. Contra Academicos II, 2 (5).
44. Confessiones VII, 1 (2); vgl. ebda VI, 6 (9).
45. Confessiones VIII, 6 (14) ff.
46. Confessiones VIII, 8 (19) ff.
47. Confessiones VIII, 6 (14), 12 (29).
48. Römer 13, 13—14.
49. Confessiones IX, 2 (2) ff.
50. Confessiones IX, 7 (8) ff.
51. Retractationes 6; 7, 1; 8, 1; 9, 1; Contra litteras Petiliani III, 25 (30).
52. Briefe 126, 7; 157, 4 (39); Possidius, Vita 3.
53. Sermo 355, 2.
54. Possidius, Vita 3—4.
55. Possidius, Vita 8.
56. Retractationes 17 (De fide et symbolo).
57. Briefe 24, 25, 27.
58. Brief 28, 1 (1).
59. Liberatus de Carthagine, Breviarium 4 (17).
60. Sermones 355, 356; Possidius, Vita 11, 22—26.
61. Briefe 152—154.
62. Briefe 113—116.
63. Briefe 252—254.
64. Possidius, Vita 19.
65. Brief 86; Sermo Frangipane 2, 1—4.
66. Possidius, Vita 18.
67. Brief 151, 13.
68. Brief 213, 5.
69. Brief 151, 13.
70. Brief 143, 2; Retractationes, Prologus; 94 (II, 67); Possidius, Vita 28, 31.

SEIN WERK

Die beträchtlichen Ausmaße sowie die Vielfalt seines Werkes machen eine Gesamtdarstellung schwierig. Es gibt Bücher von ganz eigener Konzeption, wie die *Confessiones*, die mehr als nur eine Autobiographie von erstaunlicher Analysentiefe sind, oder wie die *Retractationes*, die einen begründenden und kritischen Katalog seiner früheren Schriften enthalten und ein merkwürdiges Werk darstellen, das den Historiker der genauen Angaben über Datum, Entstehung und Tragweite jedes Buches wegen begeistert und doch etwas enttäuscht: denn die im Alter immer stärker werdende Neigung zur Polemik führt Augustin nicht nur dazu, sich mit peinlicher Ängstlichkeit zu kritisieren, sondern auch häufig dazu, von Gegnern angegriffene Stellen auf manchmal etwas überspitzte Weise zu verteidigen.

Aber der größte Teil von Augustins Werken ist ihm von Problemen oder Sorgen eingegeben worden, die die Kirche seiner Zeit bewegten, wie das ja auch häufig anderen Kirchenvätern geschehen ist. Was zum Beispiel die Theologie betrifft, so sind Abhandlungen wie die wundervolle und mächtige Schrift *De Trinitate*, die aus einem ganz urwüchsigen und innerlichen Bedürfnis entstanden ist, selten, und selbst sie ist nicht ganz frei von Polemik. Die Wichtigkeit, die in den Schriften des Bischofs zu Hippo der Kampf gegen die Feinde der Kirche und der Orthodoxie annimmt, resultiert aus der Tatsache, daß es sich eben immer um Kontroversen, Angriffe, Antworten, Widerlegungen und Klarstellungen widersprüchlicher Darlegungen handelte (man schätzte den Wortstreit damals sehr, und unser alter Rhetor zeichnete sich darin aus, wie man sich leicht vorstellen kann). Possidius, der der *Vita* seines Meisters eine Übersicht über seine Werke beifügen wollte, wußte nichts Besseres zu tun, als sie nach den Gegnern zu ordnen, die Augustin bekämpft hat:

1. Gegen die Heiden, 2. Gegen die Astrologen, 3. Gegen die Juden, 4. Gegen die Manichäer, 5. Gegen die Priscillianisten, 6. Gegen die Donatisten, 7. Gegen die Pelagianer, 8. Gegen die Arianer, 9. Gegen die Apollinaristen.

Alle diese Kämpfe haben Augustin nicht gleich stark und auch nicht auf dieselbe Weise in Anspruch genommen. Der Arianismus zum Beispiel kam erst in zweiter Linie, seit Theodosius und das Konzil zu Konstantinopel (381) den Sieg der nizäischen Orthodoxie gefestigt hatten. Die Arianer gingen von da an vor allem aus den von Wulfila bekehrten Germanen hervor. Augustin konnte sie nicht direkt bekämpfen, erst am Ende seines Lebens steht er den Geistlichen der barbarischen Truppen gegenüber, die von Italien nach Afrika entsandt worden waren, um den Aufstand des Statthalters Bonifatius niederzuschlagen (427). Man hat die sekundären Polemiken beiseite gelassen und so die kirchliche Laufbahn Augustins, aufs äußerste schematisierend, in drei Perioden zusammengefaßt, in denen folgende Punkte nacheinander dominieren:

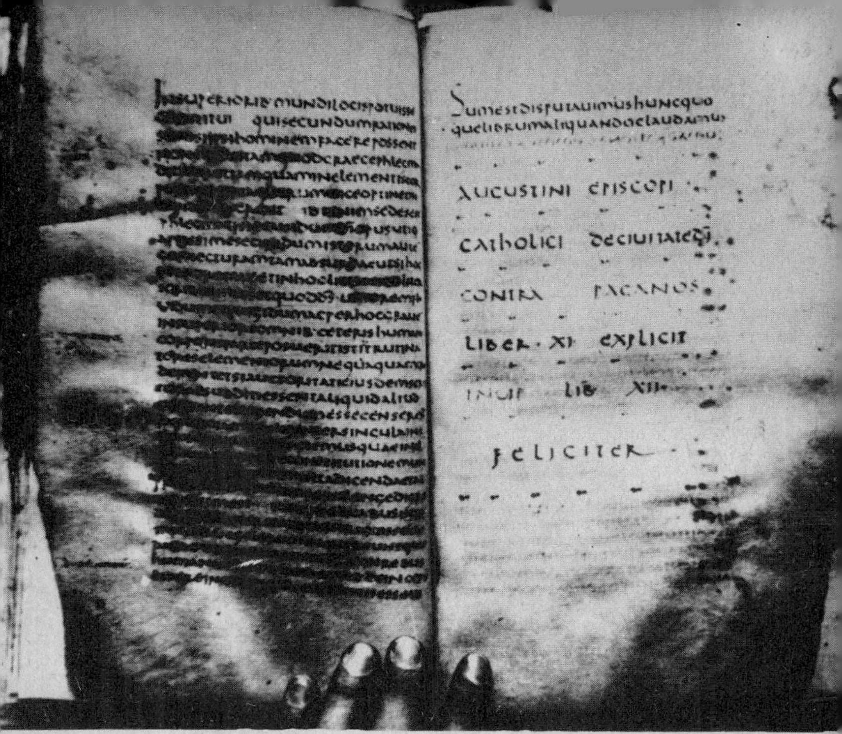

Das älteste Manuskript des «Gottesstaates», Mitte des 5. Jahrhunderts. (Bibliothek von Verona)

von 387 bis 400: Kampf gegen die Manichäer,
von 400 bis 412: Kampf gegen die Donatisten,
von 412 bis 430: Kampf gegen die Pelagianer.

Wenn man an diesem kleinen Spiel nach Art der modernen Digest-Literatur Gefallen findet, dann könnte man das Wesentliche im Denken des großen Gelehrten in vier Slogans zusammenfassen:

Seinsphilosoph gegen die Manichäer
Kirchenlehrer gegen die Donatisten
Geschichtstheologe gegen die Heiden
Verfechter der Gnade gegen die Pelagianer.

Aber dieses Spiel hat nur Sinn, wenn man sich von ihm nicht täuschen läßt, denn es ist natürlich viel zu sehr vereinfacht. In den ersten Jahren seines christlichen Lebens war Augustin, besorgt wegen der Propaganda, die er vordem für die Manichäer getrieben hatte, damit beschäftigt, seine manichäischen Freunde zu widerlegen. Diese Periode könnte also mit noch mehr Berechtigung die philosophische seines Lebens genannt werden. Zu jener Zeit verfaßte Augustin seine Dialoge (die ersten, die unter dem formalen Einfluß Ciceros stehen, ge-

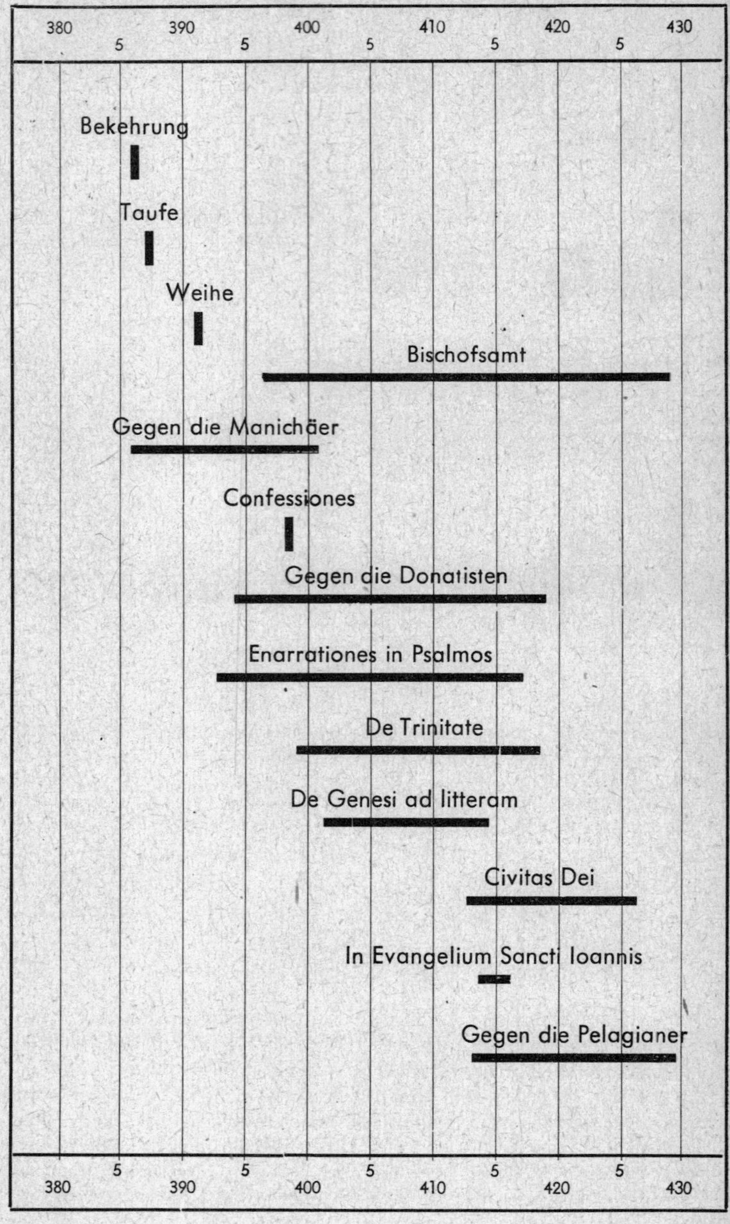
380
390
400
410
420
430
5
Bekehrung
Taufe
Weihe
Bischofsamt
Gegen die Manichäer
Confessiones
Gegen die Donatisten
Enarrationes in Psalmos
De Trinitate
De Genesi ad litteram
Civitas Dei
In Evangelium Sancti Ioannis
Gegen die Pelagianer

hen auf das Jahr 386 zurück und sind während der Zurückgezogenheit in Cassiciacum entstanden) unter dem Eindruck seines neuen christlich-neuplatonischen Ideals. Seine Polemik, wenn von Polemik überhaupt die Rede sein kann, richtet sich zum mindesten genauso gegen den Skeptizismus der Neuen Akademie wie gegen den manichäischen Pessimismus.

Anderseits begegnete Augustin seit seinem Eintritt in den Mönchsstand dem schwierigen Problem des donatistischen Schismas, das seit 312 die Afrikanische Kirche spaltete. Diese absurde Geschichte hatte dunkle Streitigkeiten wegen einer umstrittenen Wahl auf den Stuhl Karthagos zum Anlaß (es handelte sich um eine jener unzähligen Reinigungen, die stets nach einer Periode der Verfolgungen — hier die Christenverfolgung unter Diokletian — stattfinden, und bei denen die Standhaften den Schwachen gegenüberstehen; die glühendsten Anhänger der Strenge sind nicht immer die, die sich in Zeiten der Gefahr auch als die Reinsten erweisen). Es war eine ernste Angelegenheit, die in vielen Städten (auch in Hippo) Kirche gegen Kirche und Bischof gegen Bischof empörte und unter sachlich-religiösen Gesichtspunkten politische und soziale Komponenten mit einschloß: die donatistische Partei fand ihre Anhänger vor allem in den am wenigsten romanisierten berberischen Ländern unter dem von den Großgrundbesitzern unterdrückten Landproletariat. In der donatistischen Bewegung liegt viel von sozialer Revolte und Bauernaufstand. Wieviel Mühe hat Augustin aufgewandt, um zu versuchen, die hartnäckigen Gegner, die entschlossen waren, eine Einheit abzulehnen, zu überzeugen. Er hat daran von seinem in Vulgärlatein und in rhythmischen Versen abgefaßten merkwürdigen alphabetischen Psalm von 394 bis zu der von großen Auseinandersetzungen erfüllten Synode im Juni 411, die unter dem Vorsitz eines kaiserlichen Kommissars in Karthago stattfand, gearbeitet. Diese Synode hatte die beiden rivalisierenden Bischöfe einberufen und wurde ein Triumph für Augustin und die katholische Sache.

Dieses Jahr 411 bezeichnet eine Wende im Leben unseres Bischofs: seit der Synode in Karthago war er seiner Gegner ledig (obgleich er noch bis 418/20 mit ihnen zu polemisieren hatte). Endgültig von der kaiserlichen Gewalt verurteilt, werden die Donatisten nun auch von ihr verfolgt (nicht ohne Kummer hat Augustin dieses Eingreifen des weltlichen Armes zugelassen) und mit derselben brutalen und wirksamen Hand zur Einheit zurückgeführt, mit der später Ludwig XIV. die Protestanten schlug. Augustin glaubte aufatmen zu können, aber der Sommer des gleichen Jahres war noch nicht verflossen, als ein Konzil zu Karthago die Irrtümer des Mönchs Pelagius in der Person dessen Schülers Coelestius verurteilte. Das war ein entscheidender Akt, der eine neue Periode doktrinaler Streitigkeiten und, für Augustin, schrecklicher Kämpfe eröffnete. Gebürtiger Brite (man hat sogar in dem Namen «Pelagius» eine griechische Umschreibung des keltischen Namens Morgan sehen wollen), aber in Rom lebend, war Pelagius, wie viele andere, vor dem Eindringen

Julian, Bischof von Eclanum

Alarichs nach Afrika geflohen. Er hatte versucht, mit dem Bischof von Hippo in Beziehung zu treten, aber dieser hatte zu seinem Vorteil mit einem kurzen, nur zwölf Zeilen umfassenden Brief geantwortet, der ein Meisterwerk diplomatischer Umsicht ist[1]*.

Es scheint, daß Augustinus bereits vor der Lehre des Pelagius gewarnt worden war[2]. Als guter Mönch (er war ein allgemein geachteter Asket) und als ein um den geistlichen Fortschritt besorgter Moralist, legte Pelagius vor allem Wert auf die vom Menschen aufzubringende Anstrengung; das hatte ihn dazu geführt, den freien Willen und seine Wirksamkeit übermäßig zu betonen und die Rolle des göttlichen Eingreifens, der Vorherbestimmung und der Gnade im menschlichen Leben und bei der Gewinnung des Heils herabzumindern, wenn nicht zu leugnen. Das hieß, die Theologie und die innere Erfahrung des bekehrten Augustin vor den Kopf stoßen. Man begreift hier die Klarheit und Heftigkeit seiner Reaktion.

Aber diesmal hatte er es mit einer starken Gegenpartei zu tun. Er fand in Pelagius, Coelestius und später, nach dem Verschwinden dieser ersten Streiter, in jenem erstaunlichen Julian, Bischof von Eclanum, dem unermüdlichen Widersacher seiner letzten Jahre, ganz andere Gegner, als es die mittelmäßigen Donatisten oder die afrikanischen Manichäer bisher gewesen waren. Nachdem er mit ihnen aneinander geraten war, sprach Augustin nur noch mit tiefer Achtung von jenen großen und feinsinnigen Geistern[3]. Es handelte sich in der Tat um bedeutende, sehr gebildete Männer (von Julian wurde gesagt, er sei seit Tertullian der größte Meister der lateinischen Sprache[4]), die als Logiker, Dialektiker und Wortstreiter durchaus fähig waren, Augustin Stiche zu versetzen, wie er bald gewahr werden sollte. Sie waren große Taktiker und äußerst geschickt darin, sich bei einem Konzil auf ein früheres Konzil, bei den Bischöfen Afrikas auf die Bischöfe des griechischen Orients, beim jetzigen Papst auf dessen Vorgänger zu berufen. Welche Gewandtheit, den Gegner mit seinen eigenen Waffen zu bekämpfen: sie antworten Augustin, der ihnen den heiligen Paulus entgegenhält, indem sie in seinen Schriften und in seiner Vergangenheit wühlen und versuchen, ihn in Widerspruch zu sich selbst zu bringen (hatte er nicht in der optimistischen Hoffnung auf einen anbrechenden Tag der Bekehrung drei

* Die Nachweise finden sich am Ende dieses Kapitels (Seite 50).

Bücher zum Ruhme der Willensfreiheit geschrieben?), oder indem sie die Strenge seiner Lehre als Reaktion des reuigen Sünders interpretieren (er, Pelagius, hatte als Kind keine Birnen gestohlen und auch keine Konkubine unterhalten), oder schlimmer, als Reminiszenz des Manichäers, der er gewesen war.

Als gute Erben der polemischen Tradition der klassischen Philosophie sannen sie darauf, ihren Gegner auf seinem eigenen Boden zu verfolgen und ihn mit den extremsten Konsequenzen, die die von ihm ausgesprochenen Grundsätze einschlossen, zu konfrontieren — so wie einst Karneades die Stoiker verfolgt und sie gezwungen hatte, die Verantwortung für ihre berühmten Paradoxa auf sich zu nehmen. So hielt Augustin dem pelagianischen Optimismus als keulenartiges Argument den liturgischen Brauch der Taufe ganz kleiner Kinder entgegen, denen ja noch keine gegenwärtige Sünde vorgeworfen werden kann. Aber, erwiderte man, was wird mit den Kindern, die ohne Taufe gestorben sind, mit all diesen unzählbaren, armen, kleinen Unschuldigen, die so dem ewigen Feuer überantwortet sind? Und was wird aus Gottes Gerechtigkeit?

Man kann die Wichtigkeit dieses polemischen Klimas und die Folgen, die daraus für das Werk der letzten Lebensjahre Augustins und die Richtung seines Einflusses entstanden sind, gar nicht genug hervorheben. Der anti-pelagianischen Polemik wegen kommt er vornehmlich oder in erster Linie als Theologe des Sündenfalls, der Vorherbestimmung und der Gnade wie auch als Moralist der Fleischeslust und des menschlichen Elendes auf die Nachwelt. Es ist sehr wahr, daß Augustin angesichts des pelagianischen Rationalismus und Naturalismus (für den die Gnade in der guten Natur und in der Freiheit besteht, die der Schöpfer uns verliehen hat) zum Wortführer der beständigsten und authentischsten christlichen Tradition (was wird bei Pelagius aus dem Ärgernis des Kreuzes?), zum Streiter Gottes, zum Herold seiner Transzendenz und seiner unaussprechlichen Unerforschlichkeit wird. Es ist ebenso gewiß, daß Augustin in allem, was er den Pelagianern antwortet, nicht immer ganz den richtigen Ton trifft. Die Orthodoxie hat sich darin nicht getäuscht: indem sie eine Zone der Unbestimmtheit um diese so schwierigen und für menschliche Maßstäbe vielleicht unlösbaren Probleme aufrechterhielt, hat sie eindeutig zu erkennen gegeben, daß sie ihre Stellung weit diesseits des augustinischen Extremismus bezieht, dessen eigentliches «System» niemals ganz annehmbar erschienen ist.

Wir müssen in Betracht ziehen, wie leicht er sich im Feuer der Diskussion und durch eine hartnäckige und geschickte Gegenoffensive in die Enge getrieben, von seinem Elan mitreißen läßt. Stets akzeptiert er schließlich das vom Feind ausgesuchte Terrain. Er steht mit dem Rücken zur Wand und ist gezwungen, seine Formulierungen, ja, manchmal sogar seine Gedanken zu überspitzen (das liegt in der traditionellen Technik der alten Rhetoren: man muß immer weit vorstoßen, um nicht dazu geführt zu werden, auch nur das Geringste

Bône um 1840. Stich von Delamare

aufzugeben – etwa wie die Soldaten, die ihre Defensive vor der Linie beginnen, die nicht durchbrochen werden soll).

Man entdeckt in der Tat ein ganz anderes Gesicht der augustinischen Theologie, ein weniger hartes Gesicht als das des grausamen Lehrers der Vorherbestimmung (für den das Heulen der Verdammten als drastische Dissonanz in das glückselige Konzert der Erwählten klingt, wenn man so sagen darf), sobald man Augustinus' wirkliche Stellungnahme zu erfassen sucht, indem man nicht nur seinen antipelagianischen Schriften Rechnung trägt, sondern auch denjenigen, die seine offizielle Lehre, die Katechese, die er seinem Volk gab, widerspiegeln. Aber seine Übertreibungen bleiben. (Man kann die Schriften aus den Jahren 412–430 nicht nachlesen, ohne jeden Augenblick auf das zu stoßen, was man dem Jansenius gestellte Fallen nennen könnte.) Wenn häufig ernste Irrtümer seinen eigentlichen Gedanken entstellt haben, wie die Geschichte seines Einflusses zeigt, so trägt Augustin zu einem großen Teil hierfür selbst die Verantwortung.

Nehmen die Dispute auch einen breiten Raum in seinem Werk ein, so darf man sein Schaffen doch nicht nur unter diesem Gesichtswinkel sehen. Die Einteilung im Katalog des Possidius hat etwas Künstliches: den neun ersten, polemischen Rubriken, die im ganzen nur 160 Titel umfassen, mußte er eine zehnte – Verschiedene Schriften «Zum Nutzen aller Studierenden» – hinzufügen, die allein schon 475 Titel hat ... Man versteht die Bedrängnis des guten Possidius: diese riesige Zusammenfassung der Schriften *ad utilitatem studiosorum omnium* erweist die Unmöglichkeit dieser Klassifizierung; welche Kategorien man auch erfindet, es bleibt immer ein Rest. Das liegt an dem Reichtum des augustinischen Geistes und an der Mannigfaltigkeit der Aufgaben, die ihm sein Kirchendienst auferlegt.

(Ganz am Ende seines Lebens muß er auf das Drängen des Diakons Quodvultdeus — der später Bischof von Karthago wurde — einen Katalog aller Irrlehren zusammenstellen: achtundachtzig im ganzen, von Simon dem Zauberer bis zu Pelagius und Coelestius.) Andererseits gehört es zum Wesen des augustinischen Genies, daß es sich klaren Unterscheidungen nicht anpaßt: es ist nicht immer leicht, festzustellen, wo bei ihm die Philosophie aufhört und die Theologie anfängt und wann man von der einen oder der anderen in die Mystik übergeht. Selbst die Gattungen seiner Werke sind nicht immer klar unterscheidbar: einige der 224 in seiner Korrespondenz veröffentlichten Briefe haben das Format von Abhandlungen und sind auch als solche in den *Retractationes* [5] aufgezählt. Das erklärt sich aus den Methoden, mit denen ein Buch in der Antike verbreitet wurde. Zu jener Zeit (d. h. lange vor Gutenberg) hieß ein Werk «verlegen» ganz einfach, es mit einem Musterexemplar in Umlauf bringen, indem man die Leser ermächtigte, eine Kopie davon anzufertigen, so daß die Grenze zwischen einem Brief, den der Empfänger anderen zur Abschrift überlassen hatte, und der eigentlichen Abhandlung, die häufig mit einer Widmung beginnt, sehr undeutlich wurde. Aus denselben Gründen ist es oft schwierig, die Predigt von der Abhandlung zu unterscheiden.

Ich komme hier nicht noch einmal auf die philosophischen Dialoge und Abhandlungen dogmatischer Theologie zurück, für die *De Trinitate* das Musterbeispiel ist. Wir müssen betonen, daß der Bischof von Hippo als Seelenhirte sich mit den praktischen Problemen des christlichen Lebens zu beschäftigen hatte. Daher stammen die vielen kleinen moraltheologischen Abhandlungen: über die Lüge, das Fasten, die Jungfernschaft, das Wohl der Ehe (für die katholische Tradition bleibt Augustin der große Theologe der christlichen Ehe). Die Korrespondenz gibt uns andererseits ebensoviel Beispiele theologischer Ratschläge zu den verschiedensten Themen, wie Briefe geistlicher Leitung — das Ganze ist in den feierlichen Formeln der zeremoniösen byzantinischen Höflichkeit abgefaßt.

Wir müssen hier den Werken einen besonderen Platz einräumen, die man pädagogisch nennen kann, wie *De catechizandis rudibus*, das eine kleine Einführung in die Religion ist, oder wie *De doctrina Christiana*, das eine Theorie der christlichen Kultur darstellt, in der sich biblische Wissenschaft mit kirchlicher Beredsamkeit mischt, und die einen so großen Einfluß auf die Entwicklung der mittelalterlichen Kultur ausgeübt hat.

Schließlich und vor allem müssen wir die Wichtigkeit hervorheben, die den eigentlichen exegetischen Werken zukommt. Die Heilige Schrift ist für den heiligen Augustinus die Summe aller Wahrheit, die Quelle aller Lehre, das Zentrum der ganzen christlichen Kultur und allen geistlichen Lebens. Seine Theologie ist sehr biblisch und seine Katechese nicht minder. Je mehr man sich mit dem Werk und dem Stil Augustins vertraut macht, um so deutlicher wird einem die Gegenwart der Heiligen Schrift. Die Gelehrten haben in der Ausgabe der Mauriner 13 276 Zitate aus dem alten Testament und 29 540 aus dem Neuen Testament festgestellt. In Wirklichkeit sind es noch mehr, aber die Ermittlung einer genauen Ziffer ist schwer; denn wie soll man den Anteil der echten Zitate gegen Stellen, die einem neuen Zusammenhang erfinderisch angepaßt sind, und gegen gewollte oder unbewußte Anklänge genau abgrenzen? Als Mann der Kirche hat Augustin seine Bibel assimiliert, wie er in seiner Jugend gelernt hatte, Cicero und Vergil zu assimilieren. Sein Stil ist von ihr durchwirkt, wie er trotz seiner Bemühungen auch mit klassischen Formeln getränkt bleibt. Dieser biblische Zug ist übrigens oft gewollt und gesucht. Man hat festgestellt, daß Zitate oder Nachahmungen sich auf den Seiten häufen, die am meisten durchgearbeitet sind und wo der Autor sich bemüht, eine besonders intensive, religiöse Bewegung wiederzugeben. Es geschieht willentlich, daß er sich auslöscht, daß sein Menschenwort schweigt, um dem inspirierten Wort, dem Wort Gottes, Platz zu machen.

Von hier aus versteht sich, daß Augustin ganz besonders dem Studium der Heiligen Schrift verschworen war. Sechs Mal hat er die Exegese des ersten Buches wieder vorgenommen: *De Genesi contra Manichaeos, De Genesi ad Litteram, Liber Imperfectus,* ferner unter dem gleichen Titel, libri XII, *Locutionum lib. I, Quaestionum lib. I* und *Confessiones XI—XIII.* (Denn zum großen Erstaunen des Lesers, der sie zum ersten Mal liest, hören die *Confessiones* mit einer Meditation über die ersten Verse der Genesis auf.) Ich kann hier nur die bedeutendsten Werke erwähnen, wie die erstaunlichen *Enarrationes in Psalmos,* die zu einem Teil wirklich gepredigt worden sind und zum andern für die Lektüre diktiert wurden, oder das Werk über das Neue Testament *De consensu Evangelistarum,* das bis vor kurzem die Grundlage der katholischen Exegese bildete, und die 124 *Tractatus* über das Evangelium (und den ersten Brief) des heiligen Johannes und die Predigten, in denen es dem Bischof von Hippo gelang, eine unvergleichlich reiche und tiefe Unterweisung in einer sehr einfachen Form zu bringen. Dem heiligen Paulus hat Augustinus keine vergleichbare zusammenfassende Behandlung gewidmet, aber er hat sich so häufig und so lange mit ihm beschäftigt, daß die Gelehrten des Mittelalters (von Beda bis zu Florus von Lyon) ohne Mühe aus dem ganzen augustinischen Werk einen vollständigen Kommentar zu den Episteln zusammenstellen konnten. Das Denken Augustins ist von seiner Bekehrung bis zur anti-pelagianischen Kontroverse ganz vom Paulinismus inspiriert.

Die Vielfalt liegt nicht nur in der Wahl des Gegenstandes: sie zeigt sich auch in der Länge (die von kurzen Anmerkungen bis zu den rund 2000 Seiten der *Enarrationes* reicht) und im Typ seiner verschiedenen Werke. Er weiß sich seinem Publikum anzupassen: verfeinert bis zum Äußersten, wenn es sich darum handelt, anspruchsvolle Gelehrte zu gewinnen, ist er auf der andern Seite einfach und direkt in seiner Predigt. Experten kennen die Nuancen, die seine in ungezwungen-vertraulichem Ton an das Volk Hippos gerichteten Pre-

Brief des heiligen Augustinus gegen die Pelagianer, Manuskript aus dem 5. Jahrhundert (Bibliothek von Orléans)

digten von jenen unterscheiden, mit denen er als geladener Redner in Karthago ein erlesenes Publikum anziehen will.

Um die Mannigfaltigkeit seines Stils ins rechte Licht zu rücken, müßten wir zeigen, wie Augustin stets Rhetor und Meister aller Kunstverfahren bleibt, und wie diese Beredsamkeit, weit davon entfernt, eine Schwäche, ein Zeichen von Unaufrichtigkeit zu sein, im Gegenteil dem Ausdruck eines tief eigenständigen Denkens dient. Meister Augustin wußte innerhalb seines reichen Repertoires zu wählen – etwa wie unsere Dichter im Repertoire der Reime zu wählen wissen – und genau den Ausdruck zu finden, der der gewollten Nuance entsprach. Wenn eines seiner Stilelemente, wie beispielsweise die Antithese, mit lästiger Monotonie immer wieder auftaucht, so deshalb, weil es eine fundamentale, psychologische und zugleich doktrinale Kategorie wiedergibt.

Um die Originalität und den Wert seiner Sprache ins richtige Licht zu setzen, müßte man dartun, welchen Platz Augustin innerhalb der Entwicklung der lateinischen Literatur und des christlichen Latein einnimmt. Man müßte zeigen, wie er — im Unterschied zu vielen anderen Gebildeten dieser Zeit der Dekadenz — eine Sprache zu gebrauchen wußte, die den Normen des klassischen, literarischen Lateins angepaßt ist und doch eine lebendige Sprache bleibt, dazu bestimmt, von einem wenig gebildeten Publikum verstanden zu werden, das ein Latein sprach, welches sich bereits in der Entwicklung zu dem befand, was später die romanischen Sprachen geworden sind. Andererseits muß gezeigt werden, daß es ihm gelang, die Synthese zwischen den beiden Tendenzen zu schaffen, die bis dahin die christlichen Schriftsteller des Abendlandes gespalten hatten: entweder (wie es die ersten Bibelübersetzer harmloserweise getan hatten) ohne Skrupel den technischen Jargon christlicher Kreise mit seinen Hellenismen, seinen Grobheiten und Neologismen übernehmen — oder versuchen, die neuen Gedanken der christlichen Religion unter dem antiken Gewand der klassischen Tradition darzubieten, um der Sprache ihre Würde wiederzugeben (wie es Lactantius, der «langweilige christliche Cicero», ungeschickt versucht hatte). Zwischen diesen beiden Extremen wußte Augustin das Gleichgewicht herzustellen und für Jahrhunderte die Normen des Kirchenlateins festzulegen.

Aber eine Analyse, die das eben Gesagte belegen wollte, erfordert eine ganze Reihe wissenschaftlicher Details und Erörterungen. Der Leser würde darüber mit Recht ungeduldig werden, denn wir haben nun zwar schon einiges über den heiligen Augustin gesagt, bisher aber noch nicht gezeigt, was für ein Mensch er eigentlich war. Und gerade das ist von Bedeutung, weil die Verbindung zwischen Werk und Leben, zwischen dem Menschen und dem Denken bei Augustinus besonders augenfällig und entscheidend ist.

NACHWEISE

1. Brief 146.
2. De gestis Pelagii 26 (51).
3. Brief 186, 5 (13), 11 (37).
4. J. H. Baxter.
5. Briefe 54, 55, 102, 140, 147, 166, 167, 185, 187.

Gewiß, wir wissen viel über ihn, mehr und Tieferes, als wir sonst über irgendeinen Menschen der Antike wissen (Cicero vielleicht ausgenommen), aber nicht alles, was unsere Sorgfalt oder unsere Neugier wissen möchten. So ist es uns zum Beispiel nicht möglich, die Züge seines Gesichtes zu beschreiben, da es an Dokumenten fehlt. Das älteste «Porträt» — ein Fresko im Lateran — ist mehr als ein Jahrhundert nach seinem Tode entstanden, es zeigt uns einen Asketen mit tiefen Falten und hat keinen ikonographischen Wert; das zweite, das Siegel eines numidischen Herzogs um 636, zeigt uns, fast unkenntlich, ein sicher nicht ähnliches, puppenhaftes Gesicht. Auch an literarischen Zeugnissen fehlt es (was man von ihm weiß, geht nicht über die Anekdote hinaus: er habe an Hämorrhoiden gelitten und sich als echter Mittelmeerländer vor der Kälte gefürchtet).

Wir können also eigentlich nur sagen, daß er trotz etlicher kleineren Gebrechen und Krankheiten eine gute körperliche Konstitution hatte. Er ist sechsundsiebzig Jahre alt geworden und war immer rüstig (Gehör und Sehkraft unvermindert), und das nach diesem außerordentlich aktiven Leben, das er in Hippo selbst und auf seinen Reisen führte. So sehen wir ihn vom Frühling bis zum Herbst des Jahres 418, in dem er siebzig Jahre alt wurde, zuerst nach Karthago, dann zur Erfüllung einer Mission nach Caesarea in Mauretanien (heute Scherschel, 100 km westlich von Algier) eilen, zum Predigen wieder nach Karthago reisen und schließlich nach Hippo zurückkehren; das sind mehr als 2 000 km, die er ohne Zweifel zu Pferd auf den unbequemen römischen Straßen zurückgelegt hat.

Es wird leichter und auch aufschlußreicher sein, über seine Persönlichkeit zu sprechen. Wir wollen dabei allem Schematismus entraten. Der wahre Psychologe weiß, daß gerade große Menschen den summarischen Klassifizierungen der Charakterologie entschlüpfen, weil sie reich genug sind, um gleichzeitig und nacheinander dies und jenes und noch etwas anderes zu sein. Wirklich wichtig ist der tatsächliche Mensch, so, wie er historisch gelebt hat. Entscheidend ist nicht nur die Anlage seines Charakters oder seines Temperamentes, sondern das, was er daraus gemacht hat — unter dem Einfluß der Erziehung, die er empfangen, und derjenigen, die er sich selbst gegeben hat, und unter dem Einfluß seiner Begegnungen mit dem Leben. Ein wirkliches «Porträt» muß die Bilanz des Werkes und die Summe der Handlungen mit einbegreifen, denn, was uns interessiert, ist nicht der Mensch, wie er hätte sein können, sondern wie er wirklich gewesen ist.

Nur eine niedere Seele wird die Größe Augustins bestreiten. Dem Historiker, dem daran liegt, die Arbeitsmethoden, die er angewendet hat, zu rekonstruieren (mit allerdings ziemlich rudimentären Hilfsmitteln), fällt besonders das erstaunliche Gedächtnis Augustins auf (dessen Mechanismus er in klassisch gebliebenen Ausdrücken

Detail aus dem Fresko im Lateran:
Älteste Darstellung des heiligen Augustinus

Zweitälteste Darstellung: Siegel des Peter von Numidien, 2. Viertel des 7. Jahrhunderts (Vatikan-Museum, Rom)

beschrieben hat, indem er das Geräumige, die «weiten Paläste» dieses mit unzähligen und immer gegenwärtigen Schätzen angefüllten Gedächtnisses vor Augen führt) [1]*. Augustin wußte die ganze Heilige Schrift, wie auch seine Klassiker auswendig. Das erlaubte ihm, ohne Anstrengung eine ganze Reihe von Versen aus den verschiedensten Teilen der Bibel wiederzugeben, die sich in seinen Gedanken mit einem Bild oder einer Vorstellung verbanden, und zwar mit einer Virtuosität, die den modernen Gelehrten, der daran gewöhnt ist, in Lexika und Konkordanzen zu blättern, in Verwunderung setzt.

Noch mehr muß die Kraft seines spekulativen Genies hervorgehoben werden, das hier oder dort ein Problem zu entdecken und zu stellen weiß, sich festbeißt, es bis auf den Grund untersucht, den auftauchenden Schwierigkeiten nacheinander trotzt und sich nicht vorzeitig zufriedengibt. Es ist ein bewegendes Schauspiel, zu sehen, wie seine großen Gedanken ans Licht drängen und, sich vorantastend, um den Preis größter Mühen und trotz des Handicap ernster Bil-

---

* Die Nachweise finden sich wiederum am Ende dieses Kapitels (Seite 72)

dungs- und Informationslücken zum Ausdruck gelangen. Wir haben bereits diese paradoxe Situation (ein so großer Geist in einer schon so geschwächten Kultur) und ihre ambivalenten Folgen hervorgehoben. Wie oft ist nicht Augustin, der naiverweise ignorierte, was schon vor ihm gedacht worden war, auf einer ureigenen Bahn zu neuem Start geführt worden. Wie oft aber auch fühlen wir, daß sich sein Adlerflügel vergebens an den Stangen seines Käfigs wund stößt. Es ist zum Beispiel sicher, daß er sich als ungeschickter Logiker und Gefangener seiner Sprache zu häufig in Wortklaubereien ergeht. Er läßt sich von Schwierigkeiten gefangennehmen, die die einfache Wortwahl betreffen. Er fragt z. B. in seiner sonst so tiefen Analyse des Gedächtnisvorgangs mit Ängstlichkeit nach dem Paradoxon der Erinnerung an Vergessenes [2] — nach dem Wort «vergessen» wohlgemerkt, oder er läßt uns an Fredegise, den karolingischen Vorläufer Sartres denken, der Untersuchungen über das Sein des Nichtseins anstellte — über das Sein des Wortes *nihil* [3]! Aber — Dialektik der Ambivalenz — wenn er sich auch manchmal am Wort vergangen hat, so ist dieser Denker doch auch, wie Plato es war, ein Künstler des Wortes, ein großer Schriftsteller, der sich wundervoll wirksame Sprachwerkzeuge zu schmieden wußte, wenn es darum ging, seine eigenständigen Ansichten zum Ausdruck zu bringen.

Der Stil Augustins spiegelt die sichere Kunst des Rhetors mit ihren vielfältigen Mitteln wie auch die außerordentlich reiche Natur seiner Sensibilität wider. Nichts erinnert bei ihm an einen ausgetrockneten Gehirnmenschen, der alles auf ein Schema reiner Ideen zurückführt. Er ist erfüllt von einer intensiven, ungewöhnlich lange nachwirkenden Erregbarkeit: denken wir nur an die Schwere des psychischen Traumas, das die Schläge verursacht hatten, die er, gemäß der gesunden Tradition der antiken Pädagogik, als Schüler erhalten hatte. Ich spreche nicht nur von den *Confessiones*, wo diese Erinnerung am Platze ist [4]. Auch im *Gottesstaat* noch ruft der zweiundsiebzigjährige alte Bischof aus: «*Wer würde nicht mit Entsetzen zurückfahren und lieber den Tod wählen, wenn man ihm die Wahl zwischen dem Tod und einer Rückkehr in die Kindheit anböte!* [5]» ... Oder denken wir an seinen Hang zu Tränen in den vielen bewegenden Episoden seiner Bekehrung oder seines priesterlichen Lebens: gewiß, es ist eine bei den Theoretikern des geistlichen Lebens bekannte Erscheinung, daß sie wissen, zu welcher Gnade im Verlauf des geistlichen Fortschritts die «Gabe der Tränen» gehört. Auch der Sittenhistoriker hat hier ein Wort zu sagen: es handelt sich um einen Zug jener Zeit, im spätrömischen Reich vergießt man genauso gerne «Ströme von Tränen» wie in unserem empfindsamen 18. Jahrhundert; aber bei Augustin liegt da noch etwas Tieferes, das einen Charakterzug offenbart.

Diese Empfindsamkeit, die die introspektive Zergliederung, den unaufhörlich sich vertiefenden Gewissenskampf anstachelt, ist an eine menschliche Erfahrung von umfassendem Reichtum gebunden. Wenn sich die augustinische Moral und Geistigkeit durch Strenge auszeichnen, so liegt darin nichts von der unmenschlichen Starre derjenigen, die den Reichtum des Lebens und die Herrlichkeiten der Welt verdammen, weil sie sie nicht kennen. Auch finden wir nichts von der puritanischen Verdrängung, die einen verwirrten Blick auf das wirft, was sich jenseits der Schranke befindet, die nicht überschritten werden darf (der Puritaner ist Pelagius, jener steife Moralist von kalter Frömmigkeit, korrekt wie ein weißes Leichentuch, der nicht aufhört, die Strenge des Gesetzes zu betonen: «Wie schwer ist es, auf den Wegen des Herrn zu bleiben![6]»). Bei Augustin handelt es sich immer nur um Liebe und nochmals um Liebe. Wenn er uns auffordert, Gott, die Wahrheit, das Übersinnliche und unsere Seele mehr zu lieben als unseren Körper, dann rührt das einmal daher, daß er die Grenzen aller irdischen Vollkommenheit durchmessen und ihren vergänglichen Geschmack erprobt hat, und zum anderen aus seiner Erkenntnis, daß das menschliche Herz zu weit Größerem fähig ist. Aber (und er besteht darauf um so mehr, als die antimanichäische Polemik ihn dazu geführt hat, das Nicht-Substanzielle des Bösen zu entdecken) er wird niemals das Bestehen der niederen Güter leugnen, wir brauchen ihn nur zu hören! Selbst da, wo der Christ, der Asket, der Theologe in ihm mit lauter Stimme verkündet, daß er allem seine Liebe zu dem transzendenten Gott vorzieht, gibt die Musik seiner Sprache das Beben seiner Empfindsamkeit vor der irdischen Nahrung wieder, die für das schwache Herz des Menschen so verfänglich ist, (die guten jansenistischen Übersetzer waren von solchen Stellen schrecklich peinlich berührt und flüchteten sich in die Abstraktion): *«Nicht körperliche Schönheit noch zeitliche Anmut, nicht das helle Tageslicht, das so freundlich unseren Augen scheint, nicht süßen Wohllaut, der in tausend Weisen unser Ohr trifft, nicht den Duft von Blumen und Salben und Spezereien, nicht Manna und Honig, nicht reizende Glieder, die zur Liebkosung einladen (membra acceptabilia carnis amplexibus[7]) ...»*

Und wenn seine geistliche Zucht, die er erst einmal sich selbst auferlegt, ehe er sie anderen predigt, so anspruchsvoll erscheint, dann ist das die natürliche Reaktion dessen, der selber ein Sünder war und der weiß, wie leicht man sich auf den durch die Lust verwirrten Wegen aufhalten läßt, die doch eigentlich zu Gott führen sollen. Er spricht aus Erfahrung und weiß, wie tyrannisch die Macht der Sinnlichkeit ist, die die Seele mit so zarten und starken Banden an den Körper bindet.

Diese so leicht zu erregende Seele ist auch eine sehr komplexe Seele (die neuzeitlichen Menschen, selbst wieder zu Barbaren geworden, können sich nur mit Mühe vorstellen, daß ein Mensch der Antike derartig subtil empfinden konnte — aber wir müssen verstehen, daß Augustin ein Mensch der Spätantike und Erbe einer sehr alten Zivilisation war, die bis zum Äußersten überfeinert war): ich empfinde ihn als schüchtern, verhalten, scheu. Gewiß, auch da müssen die sozialen Umstände berücksichtigt werden. Wir brauchen nur Augustins Freund Alypius zu betrachten, der reich und von höherer

Abstammung war und vor nichts zurückschreckte: wir haben gesehen, wie er nach Italien ging, um dort mit Paulinus in Kontakt zu kommen, und nach Palästina, um Hieronymus kennenzulernen; auch war er es, der sich in der härtesten der pelagianischen Affären durch eine Kanne Weins vom schönsten numidischen Maß [8] der Unterstützung des Hofes von Ravenna zu versichern wußte. Aber die sozialen Umstände allein vermögen Augustins Wesen nicht zu erklären; er ist auch scheuer als seine Mutter. In Mailand zum Beispiel findet Monika als fromme Frau, der die Fragen des Rituals zu schaffen machen, es ganz natürlich, ihren Sohn zum Bischof zu schicken, um ihn um Aufklärung in ihren Schwierigkeiten zu bitten [9]. Augustin hätte wohl gern den heiligen Ambrosius in seinen eigenen Schwierigkeiten, die so sehr viel beängstigender waren, um Rat gebeten, und er hat es auch wirklich versucht: er betritt den allen zugänglichen Saal, findet aber den Bischof allein, schweigend mit Lesen beschäftigt; er zögert — und geht wieder weg; und das nicht nur einmal, sondern mehrere Male: *saepe cum adessemus* [10] ... Was für ein aufschlußreicher Zug! Und welchen Nachklang findet er in der Abhandlung *De Magistro*, wo

Apsis der Basilika von Hippo; hier stand der Bischofs-Thron

mit so viel feiner Tiefe die Schwierigkeit analysiert wird, die der Mensch empfindet, wenn er mit einem anderen Bewußtsein in Verbindung treten und es verstehen soll.

Aber es geht ihm, wie es Schüchternen häufig ergeht: ist die Schwierigkeit erst einmal überwunden, dann finden wir eine große Fähigkeit zur Freundschaft, eine gewaltige Macht, zu verführen! Augustin hat alle gewonnen, die ihn wirklich gekannt haben, er hat ihr Leben umgestürzt und sie in sein Kielwasser gezogen. Vom Reichtum seines Herzens zeugen Treue und Innigkeit so vieler Freundschaften, die ihn durch sein ganzes Leben begleitet haben: Schüler und Anhänger, die später wie er selbst Mönche oder Bischöfe geworden sind. Wir kennen Gegner von ihm, die seine Ideen diskutiert haben, aber keine persönlichen Feinde. (Donatisten und Pelagianer haben wohl einige Klatschereien gegen ihn in Umlauf gebracht, die aber nur auf Gerüchten basierten; sie haben ihn nicht wirklich gekannt.)

Sicher, er hatte seine Fehler. Wir sind der Heiligengeschichte müde, die uns die Heiligen in rosa und hellblau malt. Wir wollen fühlen, daß sie auch Menschen wie wir waren, unvollkommen und widerspenstig, die die Gnade mit Mühe gerettet hat. Was Augustin zu überwinden hatte, ist leicht zu sehen: es war der Hochmut. Der heilige Hieronymus (es wurde schon erwähnt, wie schwierig ihre Beziehungen zueinander anfänglich waren) hat kein Blatt vor den Mund genommen, als er ihn eines Tages als «kleinen Emporkömmling» bezeichnete [11]. Und als Hieronymus, wieder versöhnt, ihm im Tone reinster Nächstenliebe antwortet [12], bleibt Augustinus noch lange verstimmt [13].

Wenn es ihm nicht schwer wurde, Ehren in ihren groben Formen zu verachten, die Ehren zum Beispiel, die Bischöfen allgemein zuteil wurden (der mit Behang verkleidete Thron, der auf einer Erhöhung in der Apsis stand, und die Prozessionen der Nonnen, die sich singend auf ihn zu bewegten [14]); wenn er auch Macht und Reichtum, die seine Würde hätten erhöhen können, verschmäht hat, so war es ihm doch sehr viel weniger gleichgültig, was man von ihm und seinen Werken für eine Meinung hatte. Er war dem Lob immer zugänglich und hat das auch oft bekannt [15]. Aber wir wollen ihm das nicht kleinlich vorwerfen. Wir dürfen die echte christliche Demut nicht mit ihrer Nachahmung verwechseln. Der heilige Thomas lehrt uns, daß die *Magnanimitas*, d. h. das Bewußtsein, das der Mensch von seinem eigenen Wert hat, eine Tugend — und gerade die Tugend großer Seelen ist. Augustin konnte seine Verdienste, seine Gaben und seine Größe nicht ignorieren, und er hat es auf wunderbare Weise verstanden, demjenigen Dank dafür zu sagen, von dem er bekannte, daß er Ihm alles verdanke. Das hindert nicht, daß in Augustin etwas von der für den Intellektuellen charakteristischen Selbstachtung steckt. Er unterschätzt niemals die Dienste, die er leisten kann, und erst recht nicht, wenn es für die Sache Gottes ist.

Wir müssen zu seiner Entlastung sagen, daß Augustin gerade

durch seine Größe etwas isoliert war: wir begegnen hier wieder dem Emporkömmling, dem Provinzler und den Grenzen seiner Bildung [16]. (Im Gegensatz zu Augustinus hat Hieronymus die Griechen gekannt, und er hat mit allen seinen großen Zeitgenossen Reibereien gehabt, mit Apollinaris von Laodicea, Didymus von Alexandrien, Gregor von Nazianz und Gregor von Nyssa — der arme Augustinus hat sich niemals unter all' diesen Gregors zurechtfinden können [17] — Amphilochus von Ikonion, Epiphanes von Salamis, dem Papst Damasus und vielen anderen.) Bis Augustinus an die Pelagianer geriet, hat er sich immer nur mit Unbekannten und Mittelmäßigen herumgeschlagen. Es ist ziemlich natürlich, daß diese Lage ihn irgendwie im Tête-à-Tête mit sich selbst gelassen hatte, und das erklärt zum Teil seinen etwas eigenwilligen Charakter. Er ist ganz allein mit seiner Gedankenwelt, mit seiner erdrückenden Arbeit.

Es ist merkwürdig, daß wir nach so vielen Bemühungen immer noch so wenig über seine Arbeitsweise wissen. Man «sieht» seine Arbeitsstätte und seine Bibliothek nicht (bei Origenes wissen wir zum Beispiel viel mehr darüber, obgleich er viel weiter zurückliegt: seine sieben Schreiber, die sich zu festen Stunden ablösen, die Werkstatt der Redakteure und die Werkstatt der Kalligraphen [18]). Augustin tritt uns isoliert entgegen. In seinen Freunden und Kollegen, Alypius von Thagaste, Aurelius von Karthago usw. hat er wohl Mitstreiter im Handeln gefunden, aber in der intellektuellen Arbeit sehen wir ihn ohne eine Gruppe wirklicher Mitarbeiter — wenn man Orosius, jenen jungen, spanischen Priester ausnimmt, der sich von 414/5 bis 416/7 in Hippo aufgehalten hat und dessen historisches Werk in enger Beziehung zum *Gottesstaat* steht, an dem Augustin gerade während dieser Zeit arbeitete. Aber diese Episode steht vereinzelt da.

Wir finden ihn also etwas «um sich selbst kreisend», manchmal auch stolz. Diesem Gesamtbild möchte man den Zug hinzufügen, den man manchmal seine Voreiligkeit genannt hat, die in seiner Polemik so deutlich hervortritt. Kaum hat er Wind von der Veröffentlichung eines gegnerischen Buches, so reagiert er schon mit unerwarteter Promptheit (derartige Reaktionen überraschen bei einem Mann, in dem alles tief nachklingt und der sonst alles geduldig ausarbeitet): seiner selbst zu sicher und ungeduldig auf den Kampf, stürzt er sich in die Entgegnung, diktiert und veröffentlicht eine Widerlegung in gebührender Form, und das, ohne sich die Zeit genommen zu haben, alles gut zu verarbeiten, ohne den von ihm angegriffenen Text sorgfältig gelesen zu haben, ja, selbst ohne ihn ganz zu Ende gelesen zu haben, oder ohne den Text überhaupt in Händen gehalten zu haben (das ist ihm zweimal passiert, gegen den Donatisten Petilian und gegen Julian von Eclanum, und er hat darüber Reue empfunden).

Aber, wir sagten es schon, wichtiger als die natürliche Anlage ist das in einem Werk und in einem Leben tatsächlich Verwirklichte. Die Nachwelt hat sich über die dominierenden Eigenschaften in der

Persönlichkeit Augustins nicht getäuscht. Die Ikonographie stellt ihn gerne mit zwei Attributen dar: mit dem aufgeschlagenen Buch, dem Symbol der Weisheit, und dem flammenden Herzen, dem Symbol der Liebe. Beides gehört bei ihm eng zusammen. Der spekulative Denker ist zugleich ein leidenschaftlicher, glühender Mensch. Die Wahrheit ist für ihn nicht nur ein Gegenstand der Erkenntnis, sondern auch ein Gegenstand der Liebe.

Sicher ist, daß wir es mit einem intellektuell sehr geschlossenen, tief rationalen Denker zu tun haben. Wir müssen das mit Nachdruck aussprechen, denn seine treuesten Leser scheinen das manchmal nicht richtig erkannt zu haben. Der heilige Augustinus hätte das Wort Pascals nicht ertragen (zum mindesten nicht so, wie man es heute gewöhnlich auffaßt): «Das Herz hat seine eigenen Beweggründe, Gründe, welche die Vernunft keineswegs erkennt. Das Herz und nicht die Vernunft fühlt Gott. Darin besteht der Glaube, daß Gott dem Herzen fühlbar ist, nicht aber der Vernunft.» Der ganze moderne Anti-Intellektualismus ist in diesen nur allzu berühmten Sätzen zusammengefaßt. Wenn auch für den heiligen Augustin der G l a u b e e i n e G a b e G o t t e s i s t, etwas im Menschen, das das allein verstandesmäßige Vorgehen in keinem Falle erfassen kann, dann muß doch festgehalten werden, daß der Glaube das Vertrauen ist, das

Der heilige Augustinus mit seinen Attributen: dem Buch und dem flammenden Herz. (Augustinus-Kapelle in Paris; Kopie einer Statue im Museum von Aix-la-Chapelle)

der Wille einer als göttlich anerkannten Autorität bewilligt, und das aus guten «Gründen», die eine Erklärung durchaus zulassen. Der Gegenstand dieses Vertrauensaktes ist nicht irgendeine «gefühlsmäßige» Erkenntnis, sondern das Bekenntnis der dogmatischen Wahrheiten, die den Einzigen und doch Dreifaltigen Gott betreffen, den Belohner und Erbarmer, das zu unserem Heil konsubstanziell fleischgewordene Wort...

Aber diese Wahrheit, die der Glaube besitzt und die der Verstand durchdringt, wendet sich an den ganzen Menschen, und nicht nur an sein Denken. Nehmen wir das Bild wieder auf, in dem Augustinus seine ganze Erkenntnistheorie zusammengefaßt hat: die göttliche Sonne, die unseren Geist erleuchtet – denn in ihrem Licht sehen wir die Wahrheit –, ist nicht nur ein verzehrendes Feuer, vor dem der Mensch, in Anbetung zerschmettert, nur Furcht und Zittern empfindet, sondern sie wärmt auch unser Herz; die Wahrheit ist Milde, Schönheit, Zärtlichkeit, Sättigung. Wir berühren hier eine Frage, die seit zwanzig Jahren viel diskutiert wird: war der heilige Augustinus ein Mystiker? Die Antwort scheint nicht zweifelhaft, wenigstens dann nicht, wenn man es vermeidet, sie in Ausdrücke zu fassen, die direkt von der heiligen Therese und von dem heiligen Johannes vom Kreuz entlehnt sind (denn es kann andere Formen mystischer Erfahrung gegeben haben als die, mit denen uns diese großen spanischen Lehrer des geistlichen Lebens bekannt machen). Es ist gewiß, daß der Elan, der die augustinische Seele zur Kontemplation führt, eine Kenntnis Gottes anstrebt, die so etwas wie ein Kontakt, eine unmittelbare Erfahrung ist, in der die Seele aufblüht, als sei sie vom Glück angestrahlt. Aber wohlgemerkt, diese Mystik ist die Mystik eines Denkers, Philosophen und Theologen, der kennen will, was er liebt, und der wissen will, warum er liebt.

Wie alle echten Mystiker, hebt Augustin den unvollkommenen Charakter dieser Gotteserfahrung hervor. Es ist niemals mehr als eine momentane Beglückung, die wie ein Blitz vorübergeht, und diese Vision, so scheint es, kann nicht einem direkten Erfassen des Wesens Gottes gleichgestellt werden: erst jenseits von unserem armen, irdischen Leben, jenseits der Zeit, in der die menschliche Geschichte abrollt, erst im Frieden der himmlischen Stadt wird die menschliche Seele bis in alle Ewigkeit im beseligenden Schauen Gottes Ruhe finden.

Aber so partiell und relativ auch der «Genuß Gottes» in diesem Leben sein mag, diese *fruitio Dei* ist doch das Ziel, dem alle Bemühung des Denkens, alle Sehnsucht nach innerer Reinigung, mit einem Wort: das ganze Leben zustrebt. Dieses Ausgerichtetsein auf einen «Genuß» (das, was wir unter Sachverständigen den allem zu Grunde liegenden Eudämonismus des heiligen Augustin nennen), hat manchmal Ärgernis erregt: liegt darin nicht eine niedrige Vorstellung vom Menschen und von Gott? Ohne hier den Streit um

Die heutige Augustinus-Basilika in Bône

die Reine Liebe wieder eröffnen zu wollen, wäre dazu zweierlei zu bemerken: der heilige Augustinus hat seine Gedanken ganz natürlich in die Gußform der Problematik seiner Zeit fließen lassen; seit dem Beginn der hellenistischen Periode hat die ganze antike Philosophie um das Problem des Höchsten Gutes gekreist, in dessen Besitz der Mensch, indem er seinen Endzweck verwirklicht, glücklich sein wird.

Außerdem und vor allem paßte eine derartige Perspektive wunderbar zu dem existentiellen, engagierten Wesen seines eigenen Denkens. «Wer den Engel spielen will, wird zum Tier» (*Qui veut faire l'ange, fait la bête.* In Frankreich geflügeltes Wort von Pascal. Anm. d. Übers.): die vorgeblich uneigennützigen Philosophien sind in Wahrheit abstrakte Theorien, die von der Wirklichkeit abgeschnitten sind. Das Denken Augustins dagegen ist tief in die gelebte Erfahrung verflochten, in dieses Leben, in das wir so oder so «eingestiegen» sind, noch ehe wir darüber nachgedacht haben; in dieser Erfahrung entdeckt sich der Mensch erst selbst, ehe er den anderen kennt — aber er entdeckt sich unbefriedigt, sich selbst nicht genügend, auf ein Höheres hin gespannt und ihm geöffnet; daher das berühmte Wort: *«Fecisti nos ad te, et inquietum est cor nostrum, donec requiescat in te»* (Du hast uns, o Gott, für Dich gemacht, und unruhig ist unser Herz, bis es ruht in Dir).

Aber die große Entdeckung besteht darin, daß die Lösung des berühmten Problems «Höchstes Gut», *Summum Bonum,* nicht anders lautet als: Gott. Gott ist unser Glück, eben weil er Gott, nämlich das ewige, unwandelbare, vollkommene und unendliche Wesen ist. Und von dem Augenblick an, in dem der Mensch entdeckt, was Er ist, vergißt er sich, gibt sich ganz hin und verliert sich in der Anbetung dieses Unendlichen. Der Augustinismus kristallisiert sich um diese Dialektik des Aus-Sich-Heraustretens, des Überschreitens. Man kann sagen: das augustinische Denken enthält etwas Ekstatisches.

Wenn man jetzt fragt: wie realisiert der Mensch diese Entdeckung und wie sieht sein Weg zu Gott aus? (denn es genügt nicht, zu wissen, wohin man gehen soll, man muß auch lernen, wie man dahin gelangt), dann stoßen wir auf denselben Zug konkreten, der Wirklichkeit der gelebten Erfahrung verschriebenen Denkens. Der heilige Augustinus stellt sich nicht das theoretische Problem, wie man einen Atheisten bekehrt, indem man ihm auf rein verstandesmäßigem Weg die Beweise über die Existenz Gottes beibringt. Er weiß, wie lange der Mensch weit von Gott umherirren kann, und er verlangt von ihm von vorn herein den Glauben. In der Kirche und durch die Kirche, in der Heiligen Schrift, die die Kirche uns lehrt und uns verständlich macht, kann und soll der Mensch praktisch die zum Heile notwendige Erkenntnis Gottes erwerben.

Auctoritas et ratio — die Glaubenserkenntnis und die rationale Erkenntnis sind die beiden fundamentalen Kategorien des Systems, oder besser, des Wesens des eigentlich augustinischen Denkens. Aber diese pragmatische Priorität, diese Herrschaft des Glaubens basiert nicht auf einer Herabwürdigung, einer Verachtung und Zerstörung der Vernunft (was die Irrlehre des *Fideismus* wäre). Wie wir gesehen haben, setzt die Erwerbung der Glaubenserkenntnis auch einen Akt des Verstandes voraus; Augustin sagt: *«Intellige, ut credas»* (Man muß verstehen, um zu glauben). Glauben heißt nicht, vertrauensvoll die Formeln eines Glaubensbekenntnisses nachsprechen: was der Mund ausspricht, muß der Geist erfassen. Der heilige Augustin baut darauf seine ganze Theorie von der Bildung des intellektuellen Christen auf: einer Bildung – sie ist im wesentlichen dem Studium der Bibel gewidmet –, die er als Betätigung des Geistes definiert, durch die der Glaube in uns erzeugt, genährt, verteidigt und gestärkt wird, *illud quo fides gignitur, nutritur, defenditur, roboratur* [20].

Das ist das Programm der allgemeinen Bildung; aber es gibt auch noch eine andere Bildung von edlerem Streben, eben die des Kontemplativen, des Philosophen oder Theologen. Einmal im Besitze der Wahrheit durch den Glauben, hat der heilige Augustin keine Ruhe, bis er nicht seinen Verstand eingesetzt hat, um zu «verstehen», um eben diese Wahrheit direkt zu erfassen; auf die Formel *Intellige, ut credas* antwortet er antithetisch *Crede, ut intelligas* «glaube, ja – aber glaube, um verstehen zu können» [21]. Der Glaube erleuchtet, weist den Weg und unterstützt einen Verstand, der, sich selbst überlassen, zu leicht in Irrtümer verfällt; aber wenn der Glaube sucht, dann findet der Verstand, *fides quaerit, intellectus invenit* [22].

Der heilige Augustin kennt wohl die Grenzen, die die irdischen Umstände einer solchen verstandesmäßigen Gottessuche auferlegen: ebenso wie der mystischen Erfahrung sind auch der theologischen Erforschung Grenzen gesetzt. Aber wir müssen den komplexen Wert, den er dem Begriff des Glaubensmysteriums beimißt, richtig verstehen; für die Neuzeit ist dieser Begriff vor allem negativ, er ist ein «Eintrittsverbot an den Verstand», «das, was man niemals verstehen wird»; für den heiligen Augustin besitzt er auch einen positiven Wert: er ist ein Reichtum, den wir zwar niemals ganz ausschöpfen können, in dessen Schoße aber der Geist von Licht zu Licht unendlich weiterschreitet, ohne jemals ans Ziel zu gelangen, aber auch ohne jemals aufzuhören, mehr Klarheit zu gewinnen; daher das schöne Wort aus *De Trinitate: «Sic ergo quaeramus tanquam inventuri, et sic inveniamus tanquam quaesituri»* (so also werden wir suchen, als ob wir Aussicht hätten, zu finden; und so werden wir finden, als müßten wir weitersuchen) [23].

Wenn wir nun den Inhalt dieses augustinischen Denkens, seinen Rahmen und seine Methode zu präzisieren versuchen, dann stellen wir fest, daß sein ganzes Leben dem Programm treu geblieben ist, das er sich in seinen ersten Dialogen vorgezeichnet hat: *«O ewiger Gott, könnte ich doch wissen, wer ich bin, und wer Du bist!» Noverim me, noverim te!* [24] Die ganze «Philosophie» läßt sich in seinen Augen auf zwei Themen zurückführen: die Erkenntnis Gottes und die Erkenntnis der Seele, *de Deo, de anima* [25], die erste ist das Ziel, die zweite ist das Mittel (denn in gewissem Sinne ist uns die Seele unmittelbarer bekannt als Gott).

Wir müssen einen Augenblick bei dieser Formel innehalten, in der sich alles verdichtet, was die Originalität des Augustinismus ausmacht. Man sieht sofort, was sie ausschließt: «*Gott und die Seele. Weiter nichts? Nein, nichts!* [26]» Hier ist kein Platz für ein *Peri Kosmou*, eine Natur- und Weltphilosophie. Welch ein Unterschied zu den griechischen Kirchenvätern, die sich mit dem ganzen Auffassungsvermögen des Stoizismus über die Herrlichkeiten der geschaffenen Welt beugen, um daraus einen Hymnus zum Ruhme ihres Schöpfers zu machen. Ihnen gegenüber scheint Augustin unbestreitbar enger zu sein. Wir finden bei ihm eine augenscheinliche Atrophie dieser kosmischen Komponente des Heils, die so stark vom heiligen Paulus betont wird: nichts ist enttäuschender, als zu sehen, wie er mit den berühmten Versen des Römerbriefes (VIII, 18 — 24) über das «Harren der Schöpfung» umgeht, die «bis zu jenem Tage seufzt und in Wehen liegt» — es fehlt nicht viel, und man fühlt sich an Teilhard de Chardin erinnert. Bei Augustin stürzt alles zusammen: die «Schöpfung» ist der Mensch selbst, das Harren ist das Harren auf s e i n Heil, die Schmerzen sind die Schmerzen der Askese [27] ... es bleibt nichts übrig!

Wozu also noch Wissenschaft (über die Natur oder über die Welt)! «*Solche Dinge verstehen, Herr und Gott der Wahrheit, heißt noch nicht: dir gefallen ... Selig dagegen, wer von Dir weiß, auch wenn er von jenem nichts weiß. Wer aber Dich kennt und auch jene Dinge, ist um der letzteren willen nicht seliger!* [28]»

Man kann gar nicht oft genug hinweisen auf diese negative oder zum mindesten mißtrauische Haltung im Hinblick auf alle Erkenntnis, die nicht unmittelbar zum obersten und einzigen Sinn und Ziel des Menschen, zum ewigen Heile und Gott führt: das alles ist nur unnütze und sündige Neugier, eine traurige Rückwirkung der fleischlichen Begier. Da liegt einer der wesentlichsten Züge des augustinischen Denkens, und die Nachwelt sollte sich darüber nicht täuschen: von Generation zu Generation wird diese Note der Strenge und ängstlichen Härte das abendländische Bewußtsein immer wieder aufs neue beunruhigen und es wie eine Herausforderung vor eine in der Tat fundamentale Wahl stellen. Es ist schwierig, die Bilanz dieses Einflusses festzuhalten und abzuwägen, was er an Positivem und was er an Schädlichem hervorgebracht hat; seine Tiefe ist jedenfalls nicht zu bezweifeln.

Aber um die Methode des heiligen Augustin zu verstehen, müssen wir jenen Sinn für die Seinshierarchie wiederfinden, der in der großen (neu-)platonischen Tradition, die dem heiligen Augustin den Rahmen seines Denkens geliefert hat, eine so wesentliche Rolle spielt. Augustins Seinsphilosophie tritt uns als eine Problematik des Wesens und nicht der Existenz entgegen (er kennt wohl den Unterschied, aber die Existenzfrage spielt keinerlei aktive Rolle bei ihm). Reißen wir uns von der blendenden, aber sterilen Faszination des protago-

Plotin und Augustinus. Aus einem Manuskript des Gottesstaates, 15. Jahrhundert (Bibliothek von Mâcon)

räischen Axioms los: das Sein ist, das Nicht-Sein ist nicht. Betrachten wir konkret, was die Erfahrung uns als «Seiendes» zeigt: es springt in die Augen, daß nicht alles Seiende im Besitze derselben Eigenschaften ist, nicht denselben S e i n sgrad hat und daß man es nach dem stofflichen Wert, aus dem sein Sein besteht, ordnen kann. An die Spitze stellen wir das Sein, das allein wirkliches Sein ist, das im höchsten Grade i s t , *qui vere est, qui summe est;* Gott ist es, der die Seinsfülle in sich trägt. Die anderen geschaffenen Wesen zeigen eine Struktur, die man als schwammartig bezeichnen könnte. Wie der Schwamm aus Gewebe, Löchern und Lücken gemacht ist, bestehen sie aus Sein und aus einer Abwesenheit, einem Mangel an Sein.

Man errät die Begeisterung des jungen Augustin vor einer derartigen Perspektive, die spielend das Problem des Bösen löste, das die Manichäer zu so trügerischen Triumphen geführt hatte. Das Böse ist keine von der guten Wirklichkeit unterschiedene Substanz; es ist ein Weniger-Sein, eine Lücke im Gewebe des Seins. Alles Böse verlangt nach einer Unterlage aus geschaffener Substanz, die in sich, in dem Maße, in dem sie i s t , gut ist, (nehmen wir als höchstes Beispiel den Teufel: er ist kein Gegen-Gott, Antitheos, er ist ein gefallener Engel, aber doch ein Engel, der seine Eigenart und seine Eigenschaften bewahrt hat [29]).

Daher die Unwichtigkeit des Körpers: die Ontologie konspiriert mit der Moral, um uns von ihm abzuwenden. Gewiß, der heilige Augustin weiß, was eine religiöse Betrachtung der Natur sein kann und soll. Er hat oft genug den Vers *«Coeli enarrant gloriam Dei»* (Die Himmel verkünden Gottes Ruhm) kommentiert, aber er bleibt bei dieser Betrachtung nicht stehen. Nachdem er sie kurz angeregt hat, schreitet er rasch über das hinweg, was in den Augen seiner Philosophie nur niedere Stufen in der Hierarchie des Seins sind. Er beeilt sich, zu dem vorzustoßen, was uns in der Kreatur, so wie wir sie durch Erfahrung kennen, erlaubt, zum Höchsten, zur Begegnung mit Gott emporzusteigen [30]. Wichtig ist nicht die materielle Welt, wie herrlich sie auch sein mag (in dieser Suche nach dem Übersinnlichen wendet sich Augustin von dem astralen Mystizismus ab, der einen so verführerischen Einfluß auf seine Zeitgenossen ausgeübt hat), sondern der Mensch, und im Menschen die Seele, und in der Seele der Verstand und seine feine Spitze: es gibt nichts Höheres auf dieser Erde.

Darin glänzt Augustin, und darin ist er großartig: niemand hat wie er die Erkenntnis des Menschen, seines Innersten und seines Wesentlichsten so gefördert. Von allen seinen Werken wird man hier vor allem seine *Bekenntnisse* festhalten, dies Buch, das der moderne Mensch in der Diagonale liest, um die Konfidenzen, den Bericht eines Lebens herauszupicken: *«Exceperunt me consolationes lactis humani ... Post et ridere coepi»* ... (Zuerst empfingen mich die Tröstungen der menschlichen Milch ... danach begann ich auch zu lächeln ...) [31]. Und dieser Bericht ist vom einfachen Standpunkt des Psychologen aus in der Tat großartig in seiner Genauigkeit, mit der er zurück in die Vergangenheit blickt. Erst Freud und die Psychoanalyse haben uns den Wert dieser Bemerkungen über das vorgeburtliche Leben [32], die polymorphe Perversität des Kindes [33] und die Tiefe gewisser seelischer Verletzungen [34] offenbart. Aber das ist eine viel zu partielle Sicht, die den Leser dazu führt, zwei Drittel des Textes und alles, was in den Augen des Autors das Wesentliche war, zu vernachlässigen.

Die ganzen *Bekenntnisse* sind auf ein Jenseits, auf ein Überschreiten der Psychologie gerichtet: sie umfassen eine ganze metaphysische Anthropologie, eine ganze Theologie. Indem er sein Leben, das Leben eines Menschen, analysiert, entdeckt Augustin für sich und uns in seinem Innersten die Abwesenheit Gottes in der Sünde, das Bedürfnis nach und die Bereitschaft für Gott in der Bekümmernis, das Nahen Gottes im Heil und schließlich die Gegenwart Gottes in einem Leben der Gnade. Diese authentische Erkenntnis des Ich führt zum Sein jenseits vom Ich, zu diesem Gott, der mir innerlicher ist als mein Innerstes, höher als das Höchste in mir: *Deus interior intimo meo superior summo meo* [35] ... Da liegt der eigentliche Wert der *Bekenntnisse*, und wir müssen lernen, sie noch einmal so zu lesen (wie Generationen und Generationen von Christen sie gelesen haben, für die dieses Buch noch mehr als die *Nachfolge Christi* das bekannteste Handbuch geistlichen Lebens war), um in ihnen ein Muster inneren Lebens zu finden, eine Kunst zu meditieren und die kleinsten Ereignisse in ein Lobopfer, in ein Bekenntnis im doppelten Sinne des Wortes — Bekenntnis der menschlichen Sünden und Bekenntnis des Ruhmes Gottes — zu verwandeln. Wer so noch einmal die *Bekenntnisse* des heiligen Augustinus liest, dem erläutern sie wunderbar die Wahrheit des Wortes Christi: «Wer sein Leben retten will, der wird es verlieren, aber wer sein Leben meinetwegen verliert, der wird es retten.»

Wie oberflächlich erscheint uns der «Kult des Ich», von dem die Ästheten aus der Zeit von Gabriele d'Annunzio oder Maurice Barrès sprechen, neben diesem Sich-Bemächtigen der Tiefe der menschlichen Realität, wie töricht und vergeblich die introspektiven Bemühungen eines Amiel oder Gide neben dieser Entdeckung, dieser Vertiefung des inneren Abgrundes, in dem sich der tragische Dialog zwischen Gnade und Sünde abspielt. Gesundheit, Wahrhaftigkeit und Vollkommenheit können sich nur in einer solchen ekstatischen Perspektive begegnen: sie ist eine Gabe, die über die Grenzen des Menschlichen hinausgeht, ὡς ἐπιγιγνόμενόν τι; wenn der Mensch zur Selbstverwirklichung gelangt, so geschieht es nur auf dem Wege des Strebens zu Gott.

Wie und wo also Gott finden? Indem wir uns wie auf eine Ausgangsbasis auf das stützen, was in seiner Schöpfung das Höchste, das Vollkommenste — das ihm Nächste ist: die menschliche Seele in dem, was sie Reinstes hat. Denn der Mensch wurde zu seinem Ebenbild und ihm ähnlich erschaffen (das ganze patristische Denken war wie inspiriert von dem Vers der Genesis 1, 26); wir werden lernen, in

Szenen aus dem Leben des heiligen Augustinus. Aus einer Handschrift des «Gottesstaates», 15. Jahrhundert (Bibl. Ste. Geneviève)

dieser Seele die Gegenwart und die Spur Gottes zu entdecken. Der heilige Augustin sieht in jeder Wahrheit (für ihn, den Platoniker, handelt es sich natürlich um «ewige» Wahrheiten, unvergänglich wie die Gesetze der Mathematik, und nicht um Tatsachenwahrheiten) einen Widerschein, ein Strahlen der göttlichen Herrlichkeit (das ist die Illuminationstheorie).

Aber diese Methode des Suchens ist niemals besser angewendet worden als bei der Erforschung und Kontemplation des zentralen Glaubensmysteriums — des Mysteriums der Dreifaltigkeit, das dem heiligen Augustinus ein anderes seiner größten Werke eingegeben hat. Einmal vom Glauben aufgenommen, so wie das Fortschreiten der theologischen Analyse es nach und nach im Laufe der Diskussionen mit der arianischen Irrlehre festgehalten hat, bietet sich der Inhalt dieses Mysteriums unserer Meditation als ein zu durchdringender, ein «zu verstehender» Gegenstand dar, in dem natürlich immer unvollkommenen Maße, in dem menschliche Erkenntnis möglich ist. Wenn, wie der heilige Augustin es von der kirchlichen Tradition übernimmt (wir dürfen nicht vergessen, daß die großen trinitarischen Konzilien — Nicaea 325, Konstantinopel 381 — zeitlich vor seiner Bekehrung — 386 — liegen und daß das Dogma ihm schon durchgearbeitet entgegentritt), wenn Gott als Dreiheit offenbar ist (*o Herr, einziger Gott und dreifaltiger Gott*[36]), so muß sich etwas von diesem Zug in der nach seinem Bilde geschaffenen Schöpfung finden, so müssen in der menschlichen Seele die Spuren (*vestigia*) und Analogien, der Widerschein und das Bild dieser einzigen und dreifaltigen Struktur gesucht werden, mit deren Hilfe sich unser Gedanke wie von einer Sprungschanze zum Jenseits aufschwingen kann, um zu versuchen, etwas von diesem Mysterium zu sehen, das doch in seiner Totalität niemals ganz erfaßt werden kann. Wir müssen hervorheben — denn auch hier hat man ihm vorgeworfen, er gebe uns ein zu leicht faßliches, ein zu elementares Bild Gottes —, daß der heilige Augustinus nicht so naiv ist, sich mit den empirischen Dreiheiten zu begnügen, die die anthropologische Analyse ihm anbietet (Gedächtnis, Intelligenz, Wille). Er unterwirft sie einer aufsteigenden Dialektik und läutert sie, um ihren analogischen Wert hervorzuheben, indem er zum Beispiel von der Seele, die sich ihrer selbst erinnert, sich kennt und sich liebt, zur Seele, die sich Gottes erinnert, die an Gott denkt und nicht mehr eine Kreatur, sondern Gott selbst liebt, übergeht[37]. Er geht noch weiter und sagt aus, daß all das vorerst nur ein Bild ist und bestenfalls Annäherungswert besitzt, daß alles, was wir über Gott wissen können, sei es ihm auch noch so nah, noch nicht mit Gott identisch ist[38]: von der analogischen Erkenntnis auf dem Wege der Behauptung zur negativen Erkenntnis gelangend (von der Kataphase zur Apophase, um mit den griechischen Kirchenvätern zu sprechen), leugnet Augustin schließlich, Gott verstanden zu haben, und begibt sich durch eben diese Negation jenseits des Begriffes und der Sprache, um in der nämlichen Handlung, in der sein Denken seine Hilfsmittel zerbricht, das Unerreichbare zu erreichen.

Aber dieses um Gott kreisende, so ganz auf Gott gerichtete Denken umfaßt zugleich eine ganze geistliche Theorie, eine Moral, einen Lebensstil. Denn dieses Denken ist Weisheit — wunderbares Wort, das der moderne Mensch erst wieder entdecken muß — sowohl praktischer als auch spekulativer Art; wir finden hier das doppelte Symbol des Buches und des flammenden Herzens wieder: die augustinische Weisheit ist ein Erkenntnisvermögen, das zur Liebe führt, denn das, was vom Standpunkt des *intellectus practicus* aus wichtig ist, das ist: zu wissen, wie geliebt werden muß. Welcher Christ kennt nicht die Antwort auf die so gestellte Frage: «Du sollst», wiederholt das Evangelium nach dem Deuteronomium, «Gott deinen Herrn von ganzem Herzen, von ganzer Seele und von ganzem Gemüte lieben» [39]. Der heilige Augustinus interpretiert dieses Gebot im Lichte seiner platonischen Konzeption einer Seinshierarchie. Für ihn bestehen Vollkommenheit, Gesundheit und Tugend im Unterordnen der Liebe unter einen notwendigen Befehl, *ordinata dilectio* [40], *ordo amoris* [41]: man soll Gott, und Gott allein um seinetwillen lieben, und alle anderen Güter innerhalb der Funktion dieser Gottesliebe in dem Maße, in dem ihre innere Vollkommenheit es erlaubt, in den Dienst dieser einzigen Liebe gestellt zu werden.

Die ganze augustinische Moral verdichtet sich in der fundamentalen Unterscheidung zwischen «genießen» und «gebrauchen», *frui et uti* [42]: in Gott allein, dem obersten Gut und unserem Ziel, ist es erlaubt, sich auszuruhen und zu genießen; alles andere soll uns nur als Instrument, als diesem Ziel untergeordnetes Mittel dienen. «Aber eins nur ist notwendig» *porro unum est necessarium,* hat Jesus zu Martha in Hinsicht auf Maria gesagt. Der ganze Augustinismus hängt an diesem *porro.* Denn wir wollen nichts von der unerbittlichen und oft übertriebenen Strenge verheimlichen, mit der er alle praktischen Konsequenzen von diesem großen Prinzip herleitet (sein Eudämonismus löst einen strengen Utilitarismus aus): immer in Hast, die Zwischenetappen zu übergehen, duldet Augustin nicht, daß man sich dabei aufhält, die untergeordneten Ziele zu definieren; er spricht nur von den Mitteln: als Reisende auf dem Wege in das selige Land haben wir nicht das Recht uns zu verweilen, um die Schönheit des Landes, das wir durchqueren, und den Zauber der Reise zu genießen [43]. Daher auch seine Kritik an der Wißbegier: wir dürfen die Erkenntnis nicht um ihrer selbst willen lieben — das ist «Zerstreuung», die uns vom Gedanken an Gott fernhält; daher die merkwürdige Rolle, die bei ihm die Ästhetik spielt; denn wenn es bei ihm eine Ästhetik gibt (auf dem Pythagorismus basierend; der Musiker wird zum Mathematiker, ohne es zu wissen), dann hat sie nicht wie die unsere das Ziel, künstlerisches Vorgehen rational zu rechtfertigen, sondern sie soll im Gegenteil gute Gründe liefern, um darauf zu verzichten.

Es ist gerechtfertigt, festzuhalten, daß Augustin hier zum mindesten ebenso übertreibt wie mit seiner Theorie der Vorherbestimmung. Die psychologischen Gründe dieser Übertreibungen vermögen wir zu erklären: es ist ein Bekehrter, der spricht und der sich seiner Sünden erinnert; weil er zu lange Zeit weit von Gott geirrt hat, verurteilt er mit soviel Heftigkeit die Neigung zu langen Umwegen, *amor flexuosarum viarum.* Weil er die Freuden der Musik mit einem zu sinnlichen Herzen so sehr genossen hat, ist er jetzt darum besorgt, sie auf eine unbewußte Wahrnehmung mathematischer Beziehungen zu reduzieren (in den *Bekenntnissen* wirft er sich vor, daß er in der Kirche immer noch zu viel Gefallen an der Melodie der liturgischen Gesänge findet[44]). Vieles ist auch auf sein kulturelles Milieu zurückzuführen: er lebte in einer bereits dekadenten Zeit mit nichtigem Ästhetizismus und verkalkter Wissenschaft. Seine Ablehnung der Kultur ist vor allem eine in ihrer Strenge gerechtfertigte Ablehnung dieser Kultur.

Aber wir haben Besseres zu tun, als Abschwächungen und Entschuldigungen zu suchen. In seinem Urteil liegt ein eigenständiger religiöser Wert, eine Lehre, die einen dauernden Wert bewahrt. Denn es ist sehr wahr, daß die Hauptversuchung, der die Menschheit im Laufe ihrer Wallfahrt durch die Geschichte begegnet, darin besteht, die höchste Herrlichkeit Gottes und damit das Ziel und den Sinn unserer Reise zu vergessen – so verführt sind wir von der Herrlichkeit der doch so reellen, typisch irdischen Werte. Der Künstler erhebt seine Kunst zum Idol, der Liebende seine Geliebte, der Tatmensch die Stadt, die er zu bauen hat. Allen muß immer wieder vor Augen gehalten werden, daß der Mensch nicht für sich selbst auf der Erde ist und nicht um der Erde willen, sondern für Gott; daß der Mensch nicht einer Tiergattung angehört, deren Funktion darin besteht, eine Zivilisation nach der anderen auszuarbeiten, wie die Ameisen oder Termiten unaufhörlich daran arbeiten, ihre kunstvollen und zerbrechlichen Wohnungen ein ums andere Mal wieder aufzubauen. Es ist gut und heilsam, daran erinnert zu werden, daß der göttliche Architekt mit Hilfe aller dieser provisorischen Gerüste, die Menschenwerk sind, die Stadt Gottes baut, den einzig endgültigen Aufenthalt, wo der Mensch die ewige Ruhe finden wird: *architectus aedificat per machinas transituras domum manentem*[45]. Denn die augustinische Geistigkeit mündet in Geschichtstheologie.

NACHWEISE

1. Confessiones X, 8 (12) ff.
2. Confessiones X, 16 (24).
3. Confessiones II, 8 (16).
4. Confessiones I, 9 (14—15).
5. Civitas Dei XXI, 14.
6. Pelagius, De Circumcisione 21.
7. Confessiones X, 6 (8).
8. Opus imperfectum contra Julianum I, 42; III, 35.
9. Briefe 36, 14 (32); 54, 2 (3).
10. Confessiones VI, 3 (3).
11. Brief 72, 1 (2).
12. Brief 81.
13. Brief 82.
14. Brief 23, 3.
15. Briefe 3, 3; 22, 2 (7—8); 27, 4; 28, 4 (6).
16. Brief 82, 3 (23).
17. Brief 148, 2 (10).
18. Eusebius, Kirchengeschichte VI, 23, 2.
19. Confessiones I, 1 (1).
20. De Trinitate XIV, 1 (3).
21. Sermo 43, 7 (9).
22. De Trinitate XV, 2 (2).
23. De Trinitate IX, 1 (1).
24. Soliloquia II, 1 (1).
25. De ordine II, 18 (47).
26. Soliloquia I, 2 (7).
27. De quaestionibus diversis 67, 2—4.
28. Confessiones V, 4 (7).
29. Civitas Dei XI, 11.
30. Confessiones IV, 10 (15); IX, 10 (24—25); X, 6 (9).
31. Confessiones I, 6 (7—8).
32. Confessiones I, 6 (9); I, 7 (12).
33. Confessiones I, 7 (11).
34. Confessiones I, 9 (15).
35. Confessiones III, 6 (11).
36. De Trinitate XV, 28 (51).
37. De Trinitate XIV, 7 (10), 12 (15).
38. Confessiones XIII, 11 (12); De Trinitate XV, 21 (40) ff.
39. De doctrina Christiana I, 22 (21).
40. De doctrina Christiana I, 27 (28).
41. Civitas Dei XV, 22.
42. De doctrina Christiana I, 3 (3).
43. De doctrina Christiana I, 1 (4).
44. Confessiones X, 33 (49—50).
45. Sermo 362, 7.

Druckfehlerberichtigung des Inhaltsverzeichnisses

Durch einen Setzfehler nach erteiltem Imprimatur heißt es fälschlich in der achten Zeile von unten DER AUGUSTINUS, statt richtig DER AUGUSTINISMUS.

Der heilige Augustinus. Gemälde eines unbekannten Meisters, 15. Jahrhundert (Diözesanmuesum, Vich)

TEXTE

Die Bibel des heiligen Augustinus

Pater Charles de Foucauld hat häufig gesagt, daß der unermeßliche Schatz der heiligen Schrift für jede Seele einen Vers — oder mehrere Verse — enthalte, die Gott eigens für diese betreffende Seele inspiriert habe. Der Gedanke ist augustinisch. Unser Kirchenvater lehrte, daß der Heilige Geist nicht nur alles vorausgesehen habe, was die verschiedenen Leser Nützliches in der Bibel finden können, sondern daß er absichtlich die Feder seiner Autoren im Hinblick auf diese Wirkung gelenkt habe *. Die beste Synthese, die man über Denken und Werk des heiligen Augustinus versuchen kann, wird also darin bestehen, die Stellen aus der Heiligen Schrift zu sammeln, die seine Aufmerksamkeit besonders angezogen haben und auf die er am häufigsten zurückgekommen ist.

Der Augustinismus ist vor allem, ist im Wesentlichen das Christentum, das ganze Christentum. Die Seiten oder die Verse, die Augustinus aufs Natürlichste immer wieder unter die Feder kommen, sind die großen fundamentalen Texte des Glaubensbekenntnisses und der Liturgie. Das betrifft den Anfang des Johannes-Evangeliums: wenn man alle Zitierungen der Verse 1—18 zusammenrechnet, erreicht man eine Zahl, die die 1000 überschreitet; allein Vers 1: «Im Anfang war das Wort, und das Wort war bei Gott» ist mindestens 250mal zitiert; Vers 14: «Und das Wort ward Fleisch und wohnte unter uns», mehr als 230mal; Vers 3: «Alle Dinge sind durch das Wort gemacht, und ohne dasselbe ist nichts gemacht», wenigstens 201mal. Ferner ist das 1. Kapitel der Genesis: «Im Anfang schuf Gott den Himmel und die Erde» mehr als 700mal wieder aufgegriffen worden, ebenso oft das 8. Kapitel des Römerbriefes über das Fleisch und den Geist, dieses Grundgesetz jedes moralischen und geistlichen christlichen Lebens; sodann der Kommentar zum Vaterunser (365mal), die Ankündigungen des letzten Gerichtes bei Matthäus 25 (360mal), die Seligpreisungen (330mal), 1. Korinther 15 über die Auferstehung (260mal), Philipper 2 über die «Kenosis» des fleischgewordenen Wortes (216mal), der prophetische Psalm 22: «Mein Gott, mein Gott, warum hast Du mich verlassen?» (mindestens 200mal.)

Andernteils finden wir Verse, die Augustinus selbst besonders am Herzen lagen, und die uns dazu dienen können, die Originalität des Augustinismus zu definieren [2]:

Römer 7, 22—25: «Denn nach meinem inwendigen Menschen stimme ich dem göttlichen Gesetz freudig zu, nehme aber in meinen Gliedern ein andersartiges Gesetz wahr, das dem Gesetz meiner Vernunft widerstreitet und mich gefangennimmt unter das Gesetz der

---

* *Confessiones* XII, 31 (42); *De doctrina Christiana* III, 27 (38).

Sünde, das in meinen Gliedern wirkt. O ich unglückseliger Mensch! wer wird mich von diesem Todes-Leibe erlösen? Dank sei Gott durch Jesus Christus, unsern Herrn!» (Wenigstens 225mal.)

Römer 5, 5: «Denn die Liebe Gottes ist in unsere Herzen ausgegossen durch den Heiligen Geist, der uns verliehen worden ist.» (201mal.)

Römer 5, 12: «Darum, wie durch einen Menschen die Sünde in die Welt hineingekommen ist, und durch die Sünde der Tod, und so der Tod zu allen Menschen hindurchgedrungen ist, weil ja alle gesündigt haben.» (140mal.)

Römer 8, 23–25: «Und nicht sie allein, sondern auch wir selbst, die wir doch den Geist als Erstlingsgabe besitzen, seufzen gleichfalls in unserem Innern beim Warten auf die Einsetzung in die Kindschaft, nämlich auf die Erlösung unseres Leibes. Denn wir sind zwar errettet worden, aber doch nur auf Hoffnung hin. Eine Hoffnung aber, die man schon verwirklicht sieht, ist keine Hoffnung mehr; denn wozu braucht man noch auf etwas zu hoffen, was man schon verwirklicht sieht? Wenn wir aber auf das hoffen, was wir jetzt noch nicht verwirklicht sehen, so warten wir darauf in Geduld.» (130mal.)

Matthäus 22, 37; 39–40: «Du sollst den Herrn, Deinen Gott, lieben mit Deinem ganzen Herzen, mit Deiner ganzen Seele und mit Deinem ganzen Denken ... Du sollst Deinen Nächsten lieben wie dich selbst. In diesen beiden Geboten hängt das ganze Gesetz und die Propheten.» (128mal.)

1. Korinther 4, 7: «Was hast du aber, das du nicht empfangen hast?» (120mal.)

Der innere Lehrer

Über alle Gegenstände unserer Erkenntnis befragen wir nicht die Worte, die außerhalb von uns erklingen, sondern die Wahrheit in unserem Innern, die unseren Geist lenkt, obgleich wir vielleicht durch äußere Worte dazu angeregt werden. Der aber, den wir befragen, der uns belehrt und der, wie es heißt, im inneren Menschen wohnt (Eph. 3, 16 f), ist Christus, die unwandelbare Kraft Gottes und die ewige Weisheit. Jede vernunftbegabte Seele muß sie befragen; aber sie erschließt sich jedem nur in dem Maße, in dem er sie nach seinem guten oder schlechten Willen erfassen kann. Und wenn man sich bisweilen dabei täuscht, dann liegt das nicht an der befragten Wahrheit, ebensowenig wie es an dem äußeren Licht liegt, wenn unsere leiblichen Augen sich so oft täuschen: dem Licht, das wir über die sichtbaren Dinge befragen, damit es sie uns zeige, soweit wir sie erkennen können.

Aber wenn wir das Licht über die Farben befragen und über die anderen körperlichen Eigenschaften, die Grundbestandteile dieser Welt und die sinnlich wahrnehmbaren Körper, und über die Sinne

Legendäre Szene aus dem Leben des heiligen Augustinus, von Benozzo Gozzoli, Kirche St. Agostino in San Gimignano

selbst, mit deren Hilfe der Geist solche Dinge erkennt; und wenn wir auf der anderen Seite über das, was man erkennen kann, mit unserer Vernunft die innere Wahrheit befragen: was für eines Beweises bedarf es dann noch dafür, daß wir durch die Worte lediglich einen Schall erfahren, der unser Ohr in Schwingung setzt?

Denn alle Gegenstände unserer Erkenntnis nehmen wir entweder mit dem körperlichen Sinn oder mit dem Geiste wahr. Jene nennen wir die «sinnlichen», diese die «erkennbaren» oder, um in der Sprache unserer Schriftsteller zu sprechen, die «fleischlichen» und «geistigen» Gegenstände.

Werden wir nach den ersten gefragt, können wir antworten, wenn die sinnlichen Gegenstände, um die es sich handelt, uns gegenwärtig sind, z. B. wenn man uns nach dem Neumond, seiner Phase oder seinem Standort fragt, während wir ihn sehen. In diesem Fall glaubt der Frager, wenn er selbst nicht sieht, unseren Worten und oft glaubt er auch nicht. Er erkennt aber nur, wenn er selbst sieht, was man ihm sagt; und in diesem Fall wird er nicht durch den Schall der Worte, sondern durch die Dinge selbst und seine Sinne unterrichtet. Denn die Worte haben doch denselben Klang für den, der sieht, wie für den, der nicht sieht.

Wenn man uns aber nicht mehr nach dem fragt, was offen vor unseren Sinnen liegt, sondern nach dem, was wir früher einmal mit unseren Sinnen wahrgenommen haben, dann sprechen wir nicht mehr von den Dingen selbst, sondern von den Bildern, die sie uns eingeprägt haben und die unser Gedächtnis aufgenommen hat. Und ich kenne wirklich nur den einen Grund, weshalb wir diese Dinge für wahr ausgeben können, während wir doch etwas anschauen, was nicht die Wahrheit ist: Wir behaupten ja nicht, sie zu sehen und wahrzunehmen, sondern wir behaupten nur, sie gesehen und wahrgenommen zu haben. So tragen wir diese Bilder gewissermaßen als Beweise früherer Wahrnehmungen in den Kammern unseres Gedächtnisses. Und wenn wir sie in unserer Vorstellung betrachten, dann kann unser Gewissen ruhig sein, und wir lügen nicht, wenn wir davon sprechen. Aber nur für uns sind diese Bilder Beweise. Denn wenn mein Zuhörer jemals als persönlicher Zeuge wahrgenommen hat, wovon ich spreche, dann wird er nicht durch meine Worte unterrichtet, sondern er erkennt es selbst mittels der Bilder, die auch ihm eingeprägt sind. Und wenn er das nicht erfahren hat — sieht da nicht jeder ein, daß ein solcher eher den Worten glaubt, als daß er durch sie unterrichtet wird?

Handelt es sich jedoch um die Gegenstände, die wir mit dem Geiste, d. h. mit der Einsicht und dem Verstande, schauen, dann drücken wir in Worten aus, was wir als gegenwärtig erkennen in jenem inneren Lichte der Wahrheit, das den inneren Menschen, den wir meinen, erhellt und erfreut. Aber dann erkennt auch unser Zuhörer, wenn er auch selbst diese Gegenstände mit dem einfachen inneren Blick sieht, das, was wir sagen, durch seine eigene Anschauung, nicht durch unsere Worte. *De Magistro 11 [38] — 12 [40]*

«Was ist aber das, was wir böse heißen, anders als der Mangel des Guten? Auch an einem tierischen Leib ist beispielsweise Kranksein und Verwundung nichts anderes als ein Mangel der Gesundheit; denn wenn es sich darum handelt, solch einen Schaden zu heilen, so geschieht das nicht in der Weise, daß die vorhandenen Übel, also die Krankheit und die Wunden, nun abziehen müssen und sich da oder dort irgendwo niederlassen, sondern so, daß sie überhaupt kein Sein mehr haben; denn Wunden oder Krankheit sind ja selbst nichts Körperliches, sondern nur ein Mangel am Fleische; das Fleisch dagegen ist selbst etwas Körperliches, und zwar etwas Gutes. Und diesem (an sich guten) Fleische haften jene Mängel an, nämlich die verschiedenen Mängel jenes Gutes, das man Gesundheit heißt. Geradeso ist auch jeglicher Fehler an einer Seele nur ein Mangel an natürlichen Gütern; wird dieser Mangel gehoben, dann überträgt er sich nicht anderswo hin, sondern der Mangel, der hier war, ist alsdann überhaupt nirgends, wenn er nicht einem gesunden Zustand anhaften kann.

Weil also der Schöpfer aller Wesen ohne Ausnahme unendlich gut ist, darum sind auch alle (geschaffenen) Wesen gut; aber weil sie nicht wie ihre Schöpfer unendlich und unwandelbar gut sind, darum kann das Gute an ihnen auch abnehmen oder zunehmen. Nimmt auch das Gute ab, so ist das etwas Böses; doch soviel auch von dem Guten abnimmt, etwas (Gutes) muß doch immer noch zurückbleiben, solange das Wesen selbst noch vorhanden ist;

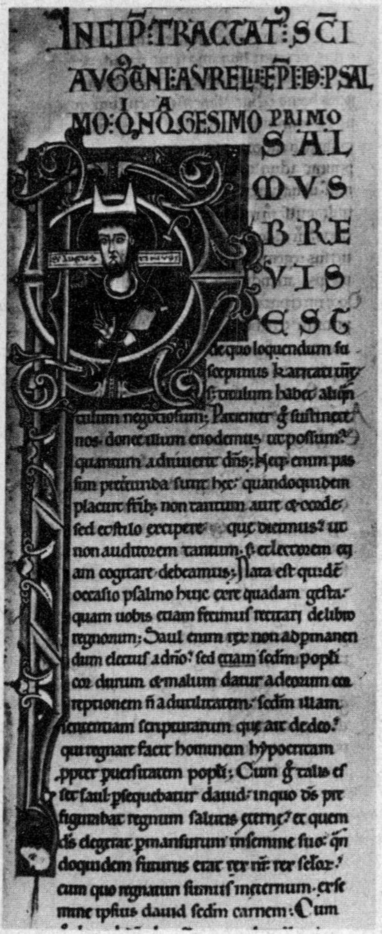

Das Initial P mit einer Darstellung des heiligen Augustinus. 12. Jahrhundert (Bibliothek in Troyes)

denn sonst könnte es ja seine Wesenheit nicht behalten. Mag nämlich ein Wesen sein wie nur immer und mag es noch so unscheinbar sein, so kann doch das Gute, das in ihm kraft seiner Eigenschaft als Wesen wohnt, nur dann vernichtet werden, wenn das Wesen selbst vernichtet wird...

Jedes Wesen ist somit etwas Gutes, und zwar ein großes Gut, wenn es nicht verdorben werden kann, nur ein kleines aber dann, wenn dies möglich ist; doch (auch in diesem Fall) kann nur törichter Unverstand in Abrede stellen, daß es etwas Gutes ist. Wird aber das Wesen durch Verderbnis zerstört, dann bleibt auch die Verderbnis nicht zurück, weil ja kein Wesen mehr da ist, an dem es haften könnte.

Wenn es also nichts gäbe, was gut ist, dann gäbe es darum auch nichts, was man böse nennen könnte. Ein Gut jedoch, das von jedem Bösen frei ist, ist ein vollkommenes Gut; das Gut jedoch, dem etwas Böses anhaftet, bleibt trotzdem ein Gut, wenn auch ein verderbtes oder wenigstens ein verderbliches. Wo aber einmal gar nichts Gutes mehr vorhanden ist, da kann es auch nichts Böses mehr geben. Aus dieser Tatsache ergibt sich eine merkwürdige Tatsache: Weil jegliches Wesen in seiner Eigenschaft als solches etwas Gutes ist, so erscheint der Satz: «‹Ein böses Wesen ist nur ein fehlerhaftes Wesen› nichts anderes zu bedeuten, als daß dasjenige böse ist, was gut ist, und zwar daß nur das böse ist, was gut ist; denn jegliches Wesen ist ja etwas Gutes und kein Ding wäre böse, wenn eben das Ding, das böse ist, kein Wesen wäre.» *Enchiridion 3 [11] — [12—13]*

Die Zeit, die Ewigkeit und das Sein

In generatione generationum anni tui. (Deine Jahre währen Ewigkeiten.) Aber von welcher Art sind «deine Jahre»? Es können nur Jahre sein, die nicht kommen und nicht vergehen, Jahre, die nicht kommen, um nicht mehr zu sein. Denn in dieser unserer Zeit kommt jeder Tag, um nicht mehr zu sein. Jede Stunde, jeder Monat, jedes Jahr geht vorüber. Bevor jeder Zeitpunkt kommt, ist er noch nicht, und wenn er gekommen ist, ist er schon nicht mehr. Deine ewigen Jahre aber, deine Jahre, die nicht wechseln, sind *in generatione generationum.* Es gibt also eine Generation von Generationen, und in ihr stehen deine Jahre. Was ist das? Es gibt so etwas, und wir werden darin sein, wenn wir das richtig verstehen; und Gottes Jahre werden in uns sein Wie werden sie in uns sein? Wie wird Gott selbst in uns sein nach dem Wort der Schrift: «auf daß Gott alles in allem sei» (1. Kor. 15, 28)? In der Tat sind die Jahre Gottes nichts anderes als Gott selbst; die Jahre Gottes aber sind seine Ewigkeit; die Ewigkeit aber ist das Wesen Gottes selbst, das nichts Wandelbares hat. Dort gibt es keine Vergangenheit, die nicht mehr ist, und keine Zukunft, die noch nicht ist. Dort gibt es nur ein «Ist», kein «Es ist gewesen» und kein

Stifterbild mit dem heiligen Augustin und Johannes dem Täufer, Tafelbild von Aelbrecht Bouts (Berlin, Gemäldegalerie)

«Es wird sein»; denn was gewesen ist, ist nicht mehr, und was sein wird, ist noch nicht; aber alles, was dort ist, «ist» schlechthin.

Mit dieser Belehrung hat Gott zu Recht seinen Diener Moses gesandt. Moses fragte nach dem Namen dessen, der ihn sandte. Er fragte danach und er erhörte ihn, und der gute Wunsch seines Herzens blieb nicht unerfüllt: Er hatte ja nicht gefragt aus anmaßender Neugier, sondern um seine Aufgabe auszuführen. «Was soll ich den Söhnen Israels sagen», so sprach er, «wenn sie mich fragen: Wer hat dich zu uns gesandt?» Und Gott zeigte sich dem Geschöpf als Schöpfer, dem Menschen als Gott, dem Sterblichen als der Unsterbliche, dem Zeitlichen als der Ewige, indem er antwortete: *«Ego sum qui sum.»* (Ex. 3, 14).

Nehmen wir einmal an, du sagtest: «Ich bin». — Wer bist du? — Die Antwort hieße: «Gajus», oder: «Lucius», oder: «Marcus». Würdest du nicht den Worten «Ich bin» deinen Namen hinzufügen? Dasselbe erwartete man damals von Gott; danach hatte man ihn gefragt: Wie heißt du? Was soll ich antworten, wenn man mich fragt, wer mich gesandt hat? — «Ich bin ...» — Wer bist du? — «... der ich bin.» — Ist das dein Name? Liegt darin alles, womit man dich bezeichnen kann? Aber wäre dein Name wirklich das Sein selbst, wenn sich nicht alles Übrige, gemessen an dir, als nicht in Wahrheit seiend erwiese? Das also ist dein Name; drücke also das Gleiche noch genauer aus! — Und Gott sprach: «Geh hin und sage den Söhnen Israels: Der ist, hat mich zu euch gesandt.»

«Ich bin ‹der ich bin›. ‹Der ist›, hat mich zu euch gesandt.» Wie groß ist dieses «Ist»! Und was ist der Mensch, gemessen an ihm? Und vor der Größe dieses «Ist» — was ist da der Mensch, was immer er auch sonst sein mag? Wer könnte dieses Sein begreifen? Wer daran teilnehmen? Wer könnte es ersehnen und wünschen? Wer dürfte sich anmaßen, dort weilen zu können?

Verzweifle nicht, menschliche Hinfälligkeit! Er hat gesprochen: «‹Ich bin der Gott Abrahams, der Gott Isaaks und der Gott Jakobs› (Exod 3, 13—15). Du hast gehört, was ich in mir selbst bin, höre nun auch, was ich für dich bin.» Diese Ewigkeit also hat uns gerufen, und aus der Ewigkeit ist das Wort hervorgegangen. Ja, es gab schon die Ewigkeit, es gab schon das Wort, aber noch keine Zeit.

Warum noch keine Zeit? Weil auch die Zeit geworden ist. Wieso ist auch die Zeit geworden? «Alles ist durch das Wort geworden, und nichts ist ohne dieses geworden» (Joh. 1, 3). O Wort vor den Zeiten, durch das die Zeiten geworden sind; das in der Zeit geboren wurde, obgleich es das ewige Leben ist; das die Zeitlichen ruft und sie zu Ewigen macht. Das ist die Generation der Generationen. «Denn eine Generation geht dahin und eine andere kommt» (Eccl. 1, 4). Ihr seht, daß es sich mit den Generationen der Menschen auf Erden verhält wie mit den Blättern an den Bäumen, d. h. am Ölbaum oder am Lorbeerbaum oder an einem andern Baum, der immer sein Laub behält. So trägt die Erde das Menschengeschlecht als ihr Laub: sie ist voll von Menschen, die einander ablösen, indem die einen sterben, während die andern geboren werden. Immer steht dieser Baum im Schmuck seines grünen Kleides; aber schau darunter und beachte, daß du über einen Teppich von trockenen Blättern schreitest...

«Du aber bleibst derselbe, und deine Jahre werden kein Ende haben.» Doch was sind wir mit unseren lumpigen Jahren gegenüber solchen Jahren? ... Allein, wir dürfen nicht verzweifeln. Denn obgleich Gott in der Größe und Tiefe seiner Weisheit gesagt hatte: «Ich bin ‹der ich bin›», fügte er zu unserem Troste noch hinzu: «Ich bin der Gott Abrahams, der Gott Isaaks und der Gott Jakobs.» Auch wir gehören zum Geschlecht Abrahams (Gal. 3, 29). Auch wir dürfen — obwohl Verworfene, obwohl Staub und Asche — auf ihn hoffen. Wir sind Knechte, aber für uns hat unser Herr Knechtsgestalt angenommen (Phil. 2, 7); für uns Sterbliche hat der Unsterbliche sterben wollen; für uns hat er das Beispiel der Auferstehung gegeben. So laßt uns denn hoffen, daß diese unveränderlichen Jahre zu uns kommen, in denen die Tage nicht nach dem Umlauf der Sonne gemessen werden, sondern das, was ist, bleibt, wie es ist, weil es allein in Wahrheit ist.

Enarratio in Psalmum 101 II, 10 u. 14

Die anti-pelagische Theologie, in 12 Punkten zusammengefasst

«Da wir also durch die Gnade Christi katholische Christen sind, so wissen wir:

I. daß die noch Ungeborenen in ihrem eigenen Leben nichts Gutes oder Böses getan haben und nicht nach Verdienst oder Verschuldung eines früheren Lebens, daß der einzelne für sich nicht gehabt haben kann, in das Elend dieses Lebens kommen; daß sie aber doch wegen ihrer fleischlichen Abstammung von Adam durch ihre erste Geburt das Ansteckungsgift des alten Todes sich zuziehen und von der Strafe des ewigen Todes, die nach gerechtem Urteil von einem auf alle übergeht, nicht befreit werden, außer sie werden durch die Gnade Christi wiedergeboren.

II. Wir wissen, daß die Gnade Gottes weder den Kleinen noch den Erwachsenen nach ihren Verdiensten gegeben wird.

III. Wir wissen, daß sie den Erwachsenen zu den einzelnen Akten verliehen wird.

IV. Wir wissen, daß sie nicht allen Menschen verliehen wird und daß sie jenen, denen sie verliehen wird, nicht nach dem Verdienst ihrer Werke, ja nicht einmal nach dem Verdienst ihres Willens verliehen wird, was vorzüglich bei den kleinen Kindern zu Tage tritt.

V. Wir wissen, daß sie jenen, denen sie verliehen wird, durch unverdiente Barmherzigkeit Gottes verliehen wird.

VI. Wir wissen, daß sie jenen, denen sie nicht verliehen wird, durch gerechtes Gericht Gottes nicht verliehen wird.

Augustin mit zwei Engeln, Bronzerelief von Luca della Robbia (Dom von Florenz)

VII. Wir wissen, daß ‹wir alle vor dem Richterstuhl Christi stehen werden, damit ein jeder nach dem, was er im leiblichen Leben vollbracht hat›, nicht nach dem, was er im Falle längeren Lebens getan hätte, ‹Gutes oder Schlimmes empfängt› (Römer 14, 10; 2. Korinther 5, 10).

VIII. Wir wissen, daß auch die Kinder nach dem, was sie im leiblichen Leben getan haben, Gutes oder Schlimmes empfangen werden. Sie haben es aber nicht in eigener Person getan, sondern durch diejenigen, die für sie Rede stehen und um derentwillen man von ihnen sagt, daß sie dem Teufel entsagen und an Gott glauben. Deshalb zählt man sie ja auch zu den Gläubigen, auf die sich das Wort des Herrn bezieht: ‹Wer glaubt und getauft ist, wird selig werden›. (Markus 16, 16) Bei denen aber, die dieses Sakrament nicht empfangen, trifft deshalb zu, was es weiter heißt: ‹Wer aber nicht glaubt, der wird verdammt werden›. Wenn sie also, wie gesagt, in diesem frühen Alter sterben, so werden sie allerdings nach dem gerichtet, was sie im Leibesleben getan haben, d. h. zur Zeit, als sie im Leibe wandelten, als sie mit Herz und Mund den Paten glaubten oder nicht glaubten, getauft oder nicht getauft wurden, als sie Christi Fleisch aßen oder nicht aßen, sein Blut tranken oder nicht tranken, nach dem also, was sie im Leibesleben getan haben, und nicht nach dem, was sie im Falle längeren Lebens getan hätten.

IX. Wir wissen, daß die Toten selig sind, die im Herrn sterben, und daß das, was sie im Falle eines längeren Lebens getan hätten, sie nicht berührt.

X. Wir wissen, daß diejenigen, die mit ihrem eigenen Herzen an den Herrn glauben, dies aus eigener Wahl und mit freiem Willen tun.

XI. Wir wissen, daß wir glaubensrichtig handeln, wenn wir, die wir schon glauben, für jene, die nicht glauben wollen, zu Gott beten, damit sie wollen.

XII. Wir wissen, daß wir für jene, die aus den Ungläubigen zum Glauben gekommen sind, mit Recht und Wahrheit als für eine Wohltat Gott danken müssen und so auch zu tun pflegen.

Du erkennst, wie ich glaube, daß ich unter diesen Punkten, die ich als Gegenstand unseres Wissens bezeichnete, nicht alles anführen wollte, was zum katholischen Glauben gehört, sondern nur dasjenige, was sich auf die zwischen uns erörterte Frage von der Gnade Gottes bezieht, ob sie nämlich dem menschlichen Willen vorangehe oder ihm nachfolge, d. h., um es deutlicher auszusprechen: Ob sie uns deshalb gegeben werde, weil wir wollen, oder ob Gott durch sie auch das bewirke, daß wir wollen. Wenn also auch du, mein Bruder, mit uns der Überzeugung bist, daß diese zwölf Sätze, die wir nach meiner Behauptung wissen, zum wahren und katholischen Glauben gehören, so danke ich Gott dafür. Ich würde aber nicht in Wahrheit danken, wenn Du nicht durch Gottes Gnade zu dieser Überzeugung gekommen wärest. Ist dies aber Deine Überzeugung, so bleibt uns kein Gegenstand des Streites in dieser Frage mehr übrig.» *Brief 217, 5 [16—17]*

Das augustinische «Cogito»

Folgende drei Texte sind von den Zeitgenossen Descartes' häufig zitiert und diskutiert worden:

I

(Alypius diskutiert mit Evodius und will beweisen, daß es einen Gott gibt):

«— Um aber von dem aus, was das Gewisseste und Anschaulichste ist, den Anfang zu machen, sage mir vorerst, ob du selbst seiest.

Oder ob du vielleicht fürchtest, durch diese Frage getäuscht werden zu können, obwohl, falls du nicht wärest, gar keine Täuschung für dich möglich wäre?

— Fahre lieber weiter.

— Wenn dein eigenes Dasein anschaulich gewiß ist, dir aber gleichwohl nicht gewiß sein würde, falls du nicht lebtest, so muß dir auch dein eigenes Leben nicht weniger gewiß sein. Siehst du die unwidersprechliche Wahrheit dieser zwei Behauptungen ein?»

De libero arbitrio II, 3 [7]

II

«In keiner Weise aber kann man mit Recht von einer Sache behaupten, daß man sie kennt, wenn man ihre Substanz nicht kennt. Wenn sich daher der Geist kennt, dann kennt er seine Substanz; und wenn er von sich Sicherheit besitzt, dann besitzt er über seine Substanz Sicherheit. Sicherheit besitzt er aber über sich, wie meine obigen Ausführungen dartun. Nicht besitzt er völlige Sicherheit darüber, ob er Luft oder Feuer oder sonst etwas Körperhaftes ist. Er ist also nichts von all'dem. Und das ganze Geheiß, sich selbst zu erkennen, hat es darauf abgesehen, daß er Sicherheit gewinne, daß er nichts von dem sei, worüber er keine Sicherheit hat, daß er andrerseits Sicherheit gewinne, daß er nur das sei, was allein zu sein er Sicherheit hat. In der gleichen Weise nämlich denkt er Feuer oder Luft oder was er sonst Körperhaftes denkt. Es könnte aber auf keine Weise geschehen, daß er das, was er selbst ist, so dächte, wie er das denkt, was er selbst nicht ist. Durch die Einbildungskraft denkt er ja dies alles, sei es das Feuer, sei es die Luft, sei es dieser oder jener Körper oder auch dieser Teil, sei es das Gefüge oder das Ordnungsverhältnis des Körpers. Freilich sagt man nicht, daß der Geist dies alles ist, sondern, daß er etwas hiervon ist. Wenn er aber etwas hiervon wäre, dann dächte er dies anders als das übrige, nicht nämlich durch eine bildhafte Vorstellung der Einbildungskraft . . ., sondern in einer Art innerer, nicht eingebildeter, sondern wahrer Gegenwart — nichts ist ihm nämlich gegenwärtiger als er sich selbst —, wie er denkt, daß er lebt, Gedächtnis hat, einsieht, will. Er kennt nämlich dies alles in sich und er stellt sich nicht durch seine Einbildungskraft vor, daß er es gleichsam außer sich mit dem Sinn berührte, wie alles Körperhafte berührt wird. Wenn er sich nun von solchen Gedanken nichts andichtet, daß er sich für etwas derartiges hielte, dann ist er allein das, was ihm von sich noch übrig bleibt.»

De Trinitate X, 10 [15—16]

III

«Nämlich wir existieren, wir wissen um unser Sein, und wir lieben dieses Sein und Wissen. Und in diesen drei Stücken beunruhigt uns keine Möglichkeit einer Täuschung durch den bloßen Schein der

Wahrheit. Denn wir erfassen sie nicht wie die Dinge außer uns und mit irgendeinem leiblichen Sinn (...), sondern, ohne daß sich irgendwie eine trügerische Vorspiegelung der Phantasie und ihrer Gebilde geltend machen könnte, steht mir durchaus fest, daß ich bin, daß ich das weiß und es liebe. In diesen Stücken fürchte ich durchaus nicht die Einwendungen der Akademiker, die da entgegenhalten: Wie aber, wenn du dich täuschest? Wenn ich mich nämlich täusche, dann bin ich. Denn wer nicht ist, kann sich natürlich auch nicht täuschen; und demnach bin ich, wenn ich mich täusche. Weil ich also bin, wenn ich mich täusche, wie sollte ich mich über mein Sein irren, da es doch gewiß ist, gerade wenn ich mich irre. Also selbst wenn ich mich irrte, so müßte ich doch eben sein, um mich irren zu können, und demnach irre ich mich ohne Zweifel nicht in dem Bewußtsein, daß ich bin.»
Gottesstaat XI, 26

Das Gebet des Philosophen

«O Gott, Du Gründer des Weltalls, gewähre mir zuerst, daß ich Dich gebührend anflehe, sodann, daß mein Benehmen Deiner Erhörung würdig werde, und zuletzt, daß Du mich ganz frei machst.

Gott, durch den alles, was durch sich nicht sein könnte, nach dem Sein strebt. Gott, der Du noch nicht einmal d a s zugrunde gehen läßt, was sich gegenseitig vernichtet. Gott, der Du aus dem Nichts jene Welt erschaffen hast, die aller Augen als sehr schön empfinden.

Gott, der Du nichts Schlechtes hervorbringst und das Sein so erschaffst, daß es nicht ganz schlecht wird. Gott, der Du den Wenigen, die zu dem, was Wahrheit ist, ihre Zuflucht nehmen, zeigest, daß das Übel ein Nichts ist.

Gott, durch den das Universum auch mit seiner widerwärtigen Seite vollkommen ist. Gott, von dem aus selbst der bis zum Äußersten gehende Mißklang nichts ist, da ja das Schlechte mit dem Besseren wohl zusammenklingt. Gott, den alles liebt, was lieben kann, wissend oder nicht-wissend.

Gott, in dem alle Dinge sind, für den jedoch der gesamten Schöpfung Häßlichkeit nicht häßlich ist, dem böser Wille nicht schadet, dem Irrtum nicht in die Irre geht. Gott, der Du nur die Reinen das Wahre wissen lassen wolltest.

Gott, Vater der Wahrheit, Vater der Weisheit, Vater des wahren und höchsten Lebens, Vater der Glückseligkeit, Vater des Guten und Schönen, Vater des geistigen Lichtes, Vater unserer Wachsamkeit und Erleuchtung, Vater des Unterpfandes, durch das wir angetrieben werden, zu Dir zurückzukehren.

Dich rufe ich an, Gott Wahrheit, in dem und von dem und durch den alle Dinge wahr sind, welche wahr sind. Gott Weisheit, in dem und von dem und durch den weise sind alle Wesen, die weise sind.

Gott wahres und höchstes Leben, in dem und von dem und durch

Szene aus dem Leben Augustins, von Benozzo Gozzoli, Kirche St. Agostino in San Gimignano

den leben alle die Wesen, die im wahren und höchsten Sinne leben. Gott Glückseligkeit, in dem und von dem und durch den glückselig sind alle Wesen, die glückselig sind.

Gott Güte und Schönheit, in dem und von dem und durch den alle Dinge geistig leuchten, die geistig leuchten. Gott, dessen Reich eine ganze Welt ist, die unser Sinn nicht kennt. Gott, aus dessen Reich das Gesetz auch in diese irdischen Reiche hinab geschrieben wird.

Gott, von dem Sichabwenden Fallen, zu dem Sichhinwenden Wiederaufstehen, in dem Bleiben Feststehen ist. Gott, von dem Fortgehen Sterben, zu dem Zurückkehren Wiederlebendigwerden, in dem Wohnen Leben ist.

Gott, den nur verliert, wer betört ist, den nur aufsucht, wer aufgefordert ist, den nur findet, wer gereinigt ist. Gott, den Verlassen gleich ist mit Untergehen, zu dem Hinstreben gleich ist mit Lieben, dem Sehen gleich ist mit Besitzen.

Gott, zu dem der Glaube hintreibt, die Hoffnung anregt, die Liebe Bande schlingt. Gott, durch den wir den Feind besiegen, Dich flehe ich herab. Gott, durch den wir empfingen, daß wir nicht ganz zugrunde gehen. Gott, von dem wir ermahnt werden, daß wir Wache halten. Gott, durch den wir das Gute von dem Schlechten unterscheiden. Gott, durch den wir das Schlechte fliehen und dem Guten folgen. Gott, durch den wir es haben, daß wir keiner Widerwärtigkeit weichen. Gott, durch den wir gut dienen und gut herrschen.

Gott, durch den wir lernen, daß uns fremd ist, was wir einst für unser, und daß unser ist, was wir einst für fremd hielten. Gott, durch den es kommt, daß wir an dem Köder und den Lockmitteln der Bösen uns nicht festbeißen. Gott, durch den es kommt, daß uns Kleinliches nicht kleinlich macht. Gott, durch den es kommt, daß unser besseres Ich nicht dem schlechteren unterworfen wird. Gott, durch den der Tod in Sieg aufgelöst wird. (1. Kor. 15, 54)

Gott, der Du uns bekehrest. Gott, der Du uns dessen, was nicht ist, entledigst und mit dem, was ist, bekleidest.

Gott, der Du uns der Erhörung würdig machst. Gott, der du uns stark machst. Gott, der Du uns in jeglicher Wahrheit einführest. Gott, der Du uns alles Gute sagst und uns weder unsinnig machst noch von irgend jemand machen lässest.

Gott, der Du uns auf den Weg zurückrufst.

Gott, der Du uns zur Pforte hinführst.

Gott, der Du den Anklopfenden öffnen läßt. (Matth. 7, 8)

Gott, der Du uns das Brot des Lebens gibst.

Gott, durch den wir nach dem Trank dürsten, nach dessen Genuß wir niemals mehr durstig sein werden. (Joh. 6, 35)

Gott, der Du die Welt wegen Sünde, Gerechtigkeit und Gericht zur Rechenschaft ziehen wirst (Joh. 16, 8). Gott, durch den es kommt, daß die uns nicht beeinflussen, die gar keinen Glauben haben. Gott, durch den es kommt, daß wir den Irrtum derer tadeln, die glauben, daß es bei Dir keinerlei Verdienste der Seele gebe.

Gott, durch den wir den schwachen und dürftigen Elementen nicht dienen (Gal. 4, 9). Gott, der Du uns läuterst und für die göttliche Belohnung vorbereitest — Komm Du in Deiner Gnade zu mir.»

Selbstgespräche I, I [2—3]

Das Gebet des Theologen

«Herr, mein Gott, wir glauben an Dich, den Vater, Sohn und Heiligen Geist. Nicht würde ja die Wahrheit sagen: ‹Gehet hin und taufet alle Völker im Namen des Vaters und des Sohnes und des Heiligen Geistes› (Matth. 28, 19), wenn Du nicht Dreieinigkeit wärest. Nicht würdest du, Herr, Gott, gebieten, daß wir getauft werden im Namen eines Wesens, das nicht Gott der Herr ist. Nicht auch würde die göttliche Stimme sprechen: ‹Höre, Israel, der Herr dein Gott, ist e i n Gott› (5. Mose 6, 4), wenn Du nicht in der Weise Dreieinigkeit

Der heilige Augustinus im Gebet, von José de Ribera (Prado, Madrid)

wärest, daß Du der eine Herr Gott bist. Wenn Du selbst sowohl Gott der Vater wärest wie auch der Sohn, Dein Wort, Jesus Christus und euer Geschenk, der Heilige Geist, dann läsen wir nicht in den Büchern die Wahrheit: ‹Gott sandte seinen Sohn› (Gal. 4, 4; Joh. 3, 17). Nicht würdest dann Du, Eingeborener, vom Heiligen Geiste sagen: ‹Den der Vater in meinem Namen senden wird› (Joh. 14, 26), nicht: ‹Den ich euch vom Vater senden werde› (Joh. 15, 26). Nach dieser Glaubensregel richte ich mich in meinem Beginnen, und von ihr aus habe ich, so gut ich es vermochte, so gut Du mir Vermögen gabst, Dich gesucht, habe ich mit der Vernunft zu schauen verlangt, was ich glaubte, und viel habe ich erörtert, viel mich gemüht. Herr, mein Gott, meine einzige Hoffnung, erhöre mich, daß ich nicht, müde geworden, Dich nicht mehr suchen will, sondern mit Inbrunst Dein Antlitz suche immerdar (Ps. 104, 4). Gib Du die Kraft zu suchen, der Du Dich finden ließest und die Hoffnung gabst, daß wir Dich mehr und mehr finden. Vor Dir steht meine Kraft und meine Unkraft: die eine wahre, die andere heile. Vor Dir steht mein Wissen und mein Nichtwissen: Wo Du mir geöffnet hast, nimm mich auf, wenn ich eintrete; wo du mir den Zugang verschlossen hast, öffne, wenn ich anklopfe. Deiner möge ich mich erinnern, Dich einsehen, Dich lieben. Laß dies in mir wachsen, bis Du mich zur Vollendung umgestaltet hast. Ich weiß, daß geschrieben steht: ‹In Vielrederei wirst du der Sünde nicht entgehen› (Sprüche 10, 19). Möchte ich doch nur von Dir sprechen, Dein Wort verkündigend und Dich preisend. So würde ich nicht nur der Sünde entrinnen, sondern auch heilbringendes Verdienst erwerben, soviel ich auch in dieser Weise spräche. Nicht hat ja der durch Dich selige Mensch seinem echten Sohn im Glauben eine Sünde zu tun geboten, als er in einem Brief sagte: ‹Verkündige das Wort, tritt auf, ob gelegen oder ungelegen› (2. Tim. 4, 2). Soll man etwa sagen, jener habe gar nicht viele Worte gemacht, da er nicht nur gelegen, sondern auch ungelegen Dein Wort, o Herr, nicht verschwieg? So ist es in der Tat. Aber deshalb waren es nicht viele Worte, weil es nur die notwendigen waren. Befreie mich, o Herr, von der Vielrederei, an der ich drinnen, in meiner Seele leide; sie ist erbarmungswürdig vor Deinen Augen und flieht hin zu Deinem Erbarmen. Ich schweige ja nicht in meinen Gedanken, selbst wenn ich mit dem Munde schweige. Würde ich nur denken, was Dir wohlgefällig ist, dann würde ich freilich nicht darum beten, daß Du mich von dieser Vielrederei befreiest. Aber zahlreich sind meine Gedanken, die wie die Menschengedanken eitel sind: du kennst sie (Ps. 93, 11). Gewähre mir, daß ich ihnen nicht zustimme, daß ich sie, auch wenn sie mein Ergötzen erregen, dennoch mißbillige, daß ich nicht, gleichsam schlafend, in ihnen verweile. Nicht sollen sie so große Gewalt über mich bekommen, daß von ihnen etwas eingehe in mein Werk. Möge vielmehr wenigstens mein Urteilen und Werten vor ihnen sicher sein. Möge mein Gewissen vor ihnen sicher sein, indem Du mir sicheren Schutz gewährst. Ein Weiser sagte, als er in seinem Buche, das Ekklesiastikus betitelt ist, von Dir redete, dieses: ‹Vieles sagen wir, und wir gelangen nicht zu Ihm› (Ekkli. 43, 29). Wenn wir also zu Dir gelangen, dann wird das ‹viele›, das ‹wir sagen›, und zu dem ‹wir nicht gelangen›, zu Ende sein, und bleiben wirst Du allein, der Du alles in allem bist (1. Kor. 15, 28). Ohne Ende werden wir dann eines sagen, Dich mit einer Stimme preisend, selber auch in Dir eins geworden. Du, Herr, Gott, Du der Eine, Du Gott Dreieinigkeit, was immer ich in diesen Büchern von Dir gesagt habe, mögest du auch als Dir gehörig gelten lassen; wenn ich etwas von mir her gesagt habe, dann laß es nicht gelten, und auch so laß mich dein bleiben. Amen.» *De Trinitate XV, 28 [51]*

Das Gebet: ein Kommentar zum «Vaterunser»

«Uns also sind Worte notwendig, damit wir durch sie uns selbst ermahnen und auf den Gegenstand des Gebetes achten, nicht aber als ob wir glaubten, wir müßten den Herrn durch sie belehren oder erweichen. Wenn wir also sprechen: ‹Geheiligt werde Dein Name›, so ermahnen wir uns zur Sehnsucht, daß Gottes allezeit heiliger Name auch von den Menschen heilig gehalten werden, d. h. nicht verunehrt werden möchte. Dies aber gereicht nicht Gott, sondern uns zum Nutzen. Wenn wir sprechen: ‹Zu uns komme Dein Reich›, so wird dieses Reich zwar kommen, ob wir es wünschen oder nicht, aber wir regen durch dieses Wort unsere Sehnsucht nach diesem Reiche an, damit es für uns komme und wir in ihm zu herrschen verdienen. Wenn wir sprechen: ‹Dein Wille geschehe wie im Himmel so auch auf Erden›, so erbitten wir uns von Gott eigentlich den Gehorsam, damit sein Wille so von uns geschehe, wie er im Himmel von seinen Engeln geschieht. Wenn wir sprechen: ‹Gib uns heute unser tägliches Brot›, so wird unter ‹heute› verstanden: ‹in dieser Zeit›, in der wir um das ausreichende Auskommen bitten, das wir mit dem Ausdruck ‹Brot› bezeichnen, da das Brot sein vorzüglichster Bestandteil ist. Oder wir können darunter auch das Sakrament der Gläubigen verstehen, das in dieser Zeit uns notwendig ist, aber nicht um zeitliche, sondern um ewige Glückseligkeit zu erlangen. Wenn wir sprechen: ‹Vergib uns unsere Schuld, wie auch wir vergeben unsern Schuldigern›, so ermahnen wir uns, sowohl worum wir bitten sollen, als auch was wir zu tun haben, damit wir das Erbetene zu erlangen verdienen. Wenn wir sprechen: ‹Führe uns nicht in Versuchung›, so ermahnen wir uns, darum zu bitten, daß wir nicht des göttlichen Beistandes beraubt, uns von irgendeiner Versuchung zur Einwilligung verleiten lassen oder verzagten Sinnes ihr nachgeben. Wenn wir sprechen: ‹Erlöse uns von dem Übel›, so legen wir uns den Gedanken nahe, daß wir noch nicht in jenem glücklichen Zustand uns befinden, wo wir kein Übel mehr erdulden werden. Und dieser Schluß des Gebetes des Herrn ist so inhaltsreich, daß der Christ, in welcher Not er sich auch befinden mag, bei diesem Gedanken seine Seufzer emporsendet, seine Tränen vergießt, mit diesem Gedanken

Augustinus zu Füßen Christi. Titelbild eines Manuskriptes der «Bekenntnisse», Anfang des 11. Jahrhunderts (Bibliothek von Arras)

beginnt, bei ihm verweilt und sein Gebet mit ihm beschließt. So sollten durch diese Worte die betreffenden Wahrheiten selbst unserem Gedächtnisse eingeprägt werden.

Und wenn wir auch irgendwelche andere Worte sprechen, wie sie die Andacht, dem Beter zuvorkommend, einflößt, um sich noch höher zu schwingen, oder wie man sie gebraucht, um dadurch eine nachfolgende Andachtsvermehrung zu erfahren, so sprechen wir doch — vorausgesetzt, daß wir in der rechten und geziemenden Weise beten — nichts anderes, als was auch im Gebete des Herrn enthalten ist. Jeder aber, der Worte gebraucht, die mit dieser evangelischen Gebetsvorschrift unvereinbar sind, der betet, wenn auch nicht in unerlaubter, so doch in fleischlicher Weise. Vielleicht aber ist auch dieses unerlaubt zu nennen, da es sich geziemt, daß die aus dem Geiste Wiedergeborenen in geistiger Weise beten. Wer z. B. spricht: ‹Verherrliche Dich bei allen Völkern, wie Du bei uns verherrlicht bist, und mögen Deine Propheten als wahrhaft erfunden werden› (Sir. 36, 4; 18), sagt nichts anderes als: ‹Geheiligt werde Dein Name›. Wer spricht: ‹Gott der Heerscharen, bekehre uns, zeige uns Dein Angesicht, und wir werden gerettet werden› (Ps. 80, 4), sagt nichts anderes als: ‹Zu uns komme Dein Reich›. Wer spricht: ‹Lenke meine Pfade nach Deinen Worten, und keine Bosheit herrsche über mich› (Ps. 119, 133), sagt nichts anderes als: ‹Dein Wille geschehe wie im Himmel so auch auf Erden›. Wer spricht: ‹Armut und Reichtum gib mir nicht› (Sprüche 30, 8), sagt nichts anderes als: ‹Gib uns heute unser tägliches Brot›. Wer spricht: ‹Gedenke, o Herr, des David und all seiner Sanftmut› (Ps. 132, 1) oder: ‹Herr, wenn ich dies getan, wenn Unrecht ist an meinen Händen, wenn ich denen vergolten habe, die mir Böses getan› (Ps. 7, 4–5), sagt nichts anderes als: ‹Vergib uns unsere Schulden, wie auch wir vergeben unsern Schuldigern›. Wer spricht: ‹Nimm von mir die Völlerei, laß mich nicht von Fleischeslust ergriffen werden› (Sir. 23, 6), sagt nichts anderes als: ‹Führe uns nicht in Versuchung›. Wer spricht: ‹Rette mich von meinen Feinden, o Gott, befreie mich von denen, die sich über mich erheben› (Ps. 59, 2), sagt nichts anderes als: ‹Erlöse uns von dem Übel›. Und wenn du alle Ausdrücke heiliger Gebetsformeln durchgehst, so wirst du, wie ich glaube, nichts finden, was nicht im Gebete des Herrn enthalten und eingeschlossen wäre. Darum steht es frei, die einen oder die anderen Worte zu gebrauchen, während man das gleiche Gebet verrichtet, aber es kann nicht freistehen, ein anderes Gebet zu verrichten.»

Brief 130, 11 [21] — 12 [22]

Das Wort und seine Menschwerdung

Du darfst Dir nicht vorstellen, daß das Wort Gottes, durch das alles gemacht wurde, irgendwie der Veränderung unterworfen ist oder eine Zukunft und Vergangenheit besitzt. Nein, es bleibt, was es ist, und es ist an allen Orten ganz gegenwärtig. Es «kommt», wenn es sich zeigt, und es «geht», wenn es sich verbirgt. Aber – verborgen oder sichtbar – es ist immer da, wie das Licht da ist vor den Augen des Sehenden und des Blinden und doch trotz seiner Gegenwart für den einen sichtbar ist und dem andern unsichtbar bleibt. Ebenso ist die Stimme da vor hörenden und vor tauben Ohren; aber für die einen spricht sie, für die andern schweigt sie. Gibt es etwas Wunderbareres als das, was sich im Klang unserer Stimme und unserer Sprache, also bei einer ganz vergänglichen Erscheinung vollzieht? Denn während wir sprechen, verdrängt schon die nächste Silbe die vorhergehende; und dennoch hört ein Zuhörer alles, was wir sagen. Und wenn zwei zuhören, hören beide gleichviel, und jeder hört das Ganze. Und wenn uns eine schweigende Menge zuhört, dann mindern sie durch diese Teilung den Klang nicht, wie das bei der Nahrung geschieht, sondern alles, was wir sagen, bleibt ganz für alle und ganz für jeden einzelnen. Ist darum, was das flüchtige Menschenwort dem Ohr gibt, nicht viel weniger glaubhaft, als was Gottes Wort, das ewig bleibt, den Dingen gibt? Denn wie jenes gleichzeitig ganz von allen gehört wird, so ist dieses gleichzeitig, überall und ganz.

Darum dürfen wir uns auch nicht scheuen, den großen Gott in den engen Grenzen eines kindlichen Körpers zu erkennen. Nicht in äußeren Maßen, sondern in der Allmacht besteht die Größe Gottes, der in seiner Weisheit den kleinen Ameisen und Bienen schärfere Sinne gegeben hat als Eseln und Kamelen. Er läßt aus einem ganz kleinen Samenkorn einen großen Feigenbaum erwachsen, während aus viel größeren Samen weit kleinere Gewächse entstehen. Er hat unser kleines Auge mit einer solchen Schärfe ausgestattet, daß es in einem Augenblick den halben Himmel durchmißt. Er läßt von einem Punkt in der Mitte des Gehirns unsere fünf Sinne ausgehen und sich aufteilen. Er steuert vom Herzen, diesem kleinen Organ, her Leben und Bewegung in allen Teilen des Leibes. Durch diese und andere Wunder zeigt Gott seine Größe in den kleinsten Dingen, denn er bleibt auch im kleinsten groß.

Die Größe seiner Allmacht, die auch in engen Grenzen ohne Grenzen ist, hat den Schoß der Jungfrau ohne Zutun eines Mannes befruchtet, eine vernünftige Seele und mit ihr einen Leib angenommen. Mit ihm hat Gottes Wort sich vereint und ist wirklich Mensch geworden, ohne etwas von seiner Gottheit aufzugeben, um den ganzen Menschen zu erheben, indem er in Herablassung von ihm die Menschheit empfing und ihm aus Gnade seine Gottheit schenkte. Es hat aus dem jungfräulichen Schoß der unversehrten Mutter die Glieder eines Kindes hervorgehen lassen, wie es später, als erwachsener Mann, durch die verschlossene Tür den Saal betrat. Wenn man dafür eine Erklärung sucht, ist es nicht mehr wunderbar; wenn man andere Beispiele verlangt, ist es nicht mehr außergewöhnlich. Geben wir doch zu, daß Gott etwas vollbringen kann, was wir nicht verstehen können! In solchen Dingen besteht die ganze Erklärung des Geschehenen in der Macht dessen, der es geschehen ließ.

Brief 137, 2 [7—8]

Die kindliche Gottesfurcht

Worin besteht die kindliche Gottesfurcht (im Gegensatz zur knechtischen Furcht)? Jetzt frage ich euch wieder etwas, was ihr euch selbst fragt. Nehmen wir einmal an, Gott käme und redete uns an mit seiner eigenen Stimme (obwohl er nicht aufhört zu reden in seinen Schriften) und spräche zum Menschen: «Du willst sündigen, so sündige; tu, was dir gefällt. Alle deine irdischen Wünsche sollen sich erfüllen. Wem du zürnst, der soll zugrundegehen; wen du berauben willst, der soll beraubt werden; wen du töten willst, soll sterben; wen du verdammen willst, der soll verdammt werden; wen du zum Sklaven haben willst, der soll dir gehören. Niemand soll dir entgegentreten, niemand dich fragen: Was tust du da? Niemand soll sagen: Tu es nicht! Und niemand soll fragen: Warum hast du das getan? Du sollst alle diese irdischen Güter, die du verlangt hast, im Überfluß besitzen und du sollst darin leben, nicht nur für eine Zeit, sondern für immer. Nur mein Antlitz sollst du niemals sehen.»

Meine Brüder, woher kommt jetzt euer Seufzen, wenn nicht aus der kindlichen Furcht, die bereits in euch wach geworden ist und die bleiben soll in Ewigkeit? Warum ist euer Herz erschüttert? Wenn Gott spräche: «Mein Antlitz wirst du niemals sehen, aber siehe: du wirst Überfluß haben an irdischem Glück und allen irdischen Gütern, du wirst mit zeitlichem Segen überhäuft sein, so daß du ihn nie verlierst und nie aufzugeben brauchst. Was willst du noch mehr?» – Dann würde die kindliche Furcht unter Tränen und Seufzern sprechen: «Eher soll mir das alles genommen werden als die Schau Deines Angesichtes» Mit dem Psalm würde die kindliche Furcht ausrufen: «Herr der Heerscharen, bekehre uns; zeige uns Dein Antlitz, und wir werden gerettet» (Ps. 79, 8). Und die kindliche Furcht würde noch einmal mit dem Psalm sprechen: «Nur eines erflehe ich vom Herrn.» Siehe, wie diese kindliche Furcht, diese wahre und lautere Liebe glüht: «Nur eines erflehe ich vom Herrn und um dieses bitte ich ihn.» Um was denn? «Zu wohnen im Hause des Herrn alle Tage meines Lebens.» Etwa um ein irdisches Glück zu genießen? Höre die Fortsetzung: «Um zu schauen die Freude des Herrn und um beschützt zu werden als sein Tempel» (Ps. 26, 4). Das heißt: sein Tempel zu sein und von ihm beschützt zu werden, das allein erflehe ich vom Herrn.

Wenn ihr nur um diese eine Gunst bittet, wenn ihr darauf allein alles Streben eures Herzens richtet, wenn ihr nichts fürchtet als ihren Verlust, dann werden die irdischen Freuden für euch nichts Anziehendes mehr haben, dann werdet ihr jene wahre Freude erhoffen, und ihr werdet zum Leib dessen gehören, von dem der Psalmist singt: «Glückselig alle, die den Herrn fürchten, die wandeln auf seinen Wegen» (Ps. 127, 1). *Enarratio in Psalmum 127, 9*

Erwählte und Verdammte

«Gemäß dem göttlichen Vorauswissen ist also die Zahl und die Menge der Heiligen eine bestimmte. ‹Da sie Gott lieben›, (was ihnen Gott durch den in ihre Herzen ausgegossenen Heiligen Geist verliehen hat), ‹so gereichen ihnen alle Dinge zum Besten› als solchen, die nach dem Ratschlusse berufen sind. Denn die er vorher erkannt hat, hat er auch vorherbestimmt, gleichförmig zu sein dem Bilde seines Sohnes, damit dieser sei der Erstgeborene unter vielen Brüdern, die er aber vorausbestimmt hat, die hat er auch berufen› (Römer 8, 28–30). Zu diesen letzten Worten müssen wir hinzuverstehen ‹gemäß seinem Ratschlusse›. Denn es gibt auch andere Berufene, die nicht auserwählt und darum nicht nach dem Ratschlusse berufen sind. ‹Die er aber berufen hat› (d. h. gemäß seinem Ratschlusse), ‹diese rechtfertigt er auch; die er aber gerechtfertigt hat, diese hat er auch verherrlicht› (Römer 8, 30). Diese sind die Kinder der Verheißung, diese die Auserwählten, die durch Gnadenwahl gerettet werden und von denen gesagt ist: ‹Wenn durch Gnade, so nicht durch Werke; sonst ist die Gnade nicht mehr Gnade› (Römer 11, 6). Dies sind die Gefäße der Erbarmung, in denen Gott auch durch die Gefäße des Zorns den Reichtum seiner Herrlichkeit kundmacht. Aus diesen wird durch den Heiligen Geist ‹ein Herz und eine Seele› (Apg. 4, 32), die Gott preist und aller seiner Wohltaten nicht vergißt. Denn er verzeiht all ihre Sünden, heilt all ihre Schwachheiten, errettet ihr Leben vom Tode und ‹krönt es in Barmherzigkeit› (Ps. 103, 2–4). Dies kommt nicht von dem, der will oder läuft, sondern von dem Erbarmen Gottes.

Die anderen Menschen aber, die zu dieser Genossenschaft nicht gehören, deren Leib und Seele Gottes Güte aber auch erschaffen hat samt allen natürlichen Eigenschaften mit Ausnahme der Sünde, die durch den Übermut des stolzen Willens in sie hineingekommen ist, sind von dem vorauswissenden Gotte deshalb erschaffen worden, damit sich an ihnen zeige, was ohne seine Gnade der freie Wille des gefallenen Menschen vermag. Aus ihren gerechten und verdienten Strafen sollen die Gefäße der Erbarmung erkennen, was ihnen verliehen wurde, da sie nicht um der Verdienste ihrer Werke willen, sondern durch Gottes unverdiente Gnade von jener Masse ausgesondert wurden, damit ‹jeder Mund verstumme› (Römer 3, 19) und, ‹wer sich rühmt, sich im Herrn rühme› (1. Kor. 1, 31).»

Brief 186, 7 [25–26]

Die mystische Erfahrung

(Über den Titel des Psalmes 41 [42]: *In finem, in intellectum, filiis Core, Psalmus*:) Das sind die Söhne des Bräutigams, die Söhne seines Leidens, die Söhne, die durch sein Blut erlöst sind, die Söhne seines Kreuzes, die auf der Stirn das Zeichen tragen, das seine Feinde auf Kalvaria errichtet haben: sie werden die Söhne Kores genannt; für sie wird dieser Psalm gesungen, damit sie Einsicht gewinnen. Unsere Einsicht soll also geweckt werden; und wenn dieser Psalm für uns gesungen wird, dann laßt uns versuchen, ihn zu verstehen. Was sollen wir verstehen? Und welche Erklärung sollen wir diesem Psalm geben? Ich wage es zu sagen: «Denn Gottes unsichtbares Wesen ist seit Erschaffung der Welt durch das Licht der Vernunft aus seinen Werken zu erkennen» (Röm. 1, 20).

Wohlan, meine Brüder, macht euch mein Verlangen zu eigen, nehmt teil an meiner Sehnsucht! Laßt uns zusammen lieben, zusammen im gleichen Durst entbrennen, zusammen zur Quelle der Einsicht eilen! Wie der Hirsch wollen wir uns nach der Quelle sehnen, nicht nach der Quelle, nach der die Taufkandidaten sich sehnen zur Vergebung ihrer Sünden; nein, wir, die schon getauft sind, wollen nach jener Quelle verlangen, von der die Schrift anderswo sagt: «Denn bei Dir ist die Quelle des Lebens.» Er selbst ist ja Quelle und Licht; denn «in seinem Licht werden wir schauen das Licht» (Ps. 35, 10). Wenn er nun Quelle und Licht ist, dann ist er auch Einsicht, weil er ja auch die Seele sättigt, die nach Wissen verlangt, und weil jedes mit Vernunft begabte Wesen nicht von einem körperlichen, fleischlichen, äußeren Licht, sondern von einem inneren Licht erleuchtet wird. Es gibt also, Brüder, ein Licht in unserem Innern, das den unvernünftigen Wesen fehlt. Daher wendet sich der Apostel an die

Augustinus in Meditation, von Sandro Botticelli, 1480
(Kirche Ognissanti in Florenz)

Seelen, die diesen Lebensquell ersehnen und bereits daraus schöpfen, mit der Bitte, «nicht mehr zu wandeln wie die Heiden in der Verkehrtheit ihres Geistes, mit verdunkelter Einsicht, in der Entfremdung vom Leben Gottes infolge der Unwissenheit, die in ihnen ist, und der Verblendung ihres Herzens» (Eph. 4, 17 f). Wenn also ihre Einsicht verdunkelt ist, d. h. wenn sie im Dunkel sind, weil sie keine Einsicht haben, dann sind die Einsichtigen im Licht. Eile zu den Quellen, verlange nach den Quellen lebendigen Wassers! Bei Gott ist die unversiegliche Quelle des Lebens, in seinem Licht ist ein Licht, das niemals verdunkelt werden kann. Nach diesem Licht verlange, nach dieser Quelle und diesem Licht, das deine Augen nicht kennen, einem Licht aber, für dessen Schau das innere Auge eingerichtet ist, und einer Quelle, nach deren Wasser der innere Durst entbrennt. Eile zur Quelle, verlange nach der Quelle! Aber nicht auf irgendeine Art, wie irgendein Tier, sondern wie der Hirsch sollst du eilen. Was heißt das: «wie der Hirsch»? Im Laufen sei nicht träge, laufe mit Eifer, mit Eifer verlange nach der Quelle! Denn das Wort Hirsch will sagen: mit großer Schnelligkeit.

Aber das ist es wohl nicht allein, was wir nach der Heiligen Schrift vom Hirsch lernen sollen. Höre also die anderen Eigenschaften des Hirsches: Er tötet die Schlangen, und wenn er sie getötet hat, erwacht in ihm ein noch größerer Durst; wenn er die Schlangen getötet hat, eilt er mit noch größerem Eifer zu den Quellen. Die Schlangen sind deine Laster: vernichte die Schlangen der Bosheit, dann wirst du noch stärker nach der Quelle der Wahrheit verlangen! Vielleicht zischt dir die Schlange des Geizes etwas aus der Finsternis zu: sie zischt gegen das Wort Gottes, gegen seinen Befehl. Und wenn man dir sagt: «Du sollst ein Gut verachten, um keine Sünde zu begehen», während du selbst lieber die Sünde begehen als einen zeitlichen Vorteil verachten willst, dann ziehst du den Biß der Schlange ihrer Vernichtung vor. Wenn du deinem Laster, deiner Begierde, deinem Geiz, deiner Schlange noch Vorschub leistest, wenn ich also in dir noch ein solches Verlangen finde, wie kannst du dann zur Quelle lebendigen Wassers eilen? Wie kannst du nach der Quelle der Weisheit verlangen, solange du noch krank bist vom Gift der Bosheit? Töte alles in dir ab, was der Wahrheit widerspricht; und wenn du dich frei siehst von schlechten Begierden, dann bleibe nicht stehen wie einer, der gar kein Verlangen mehr hat! Denn es gibt noch etwas, zu dem du dich aufschwingen kannst, wenn du das in dir, was dich daran hindert, niedergeworfen hast. Denn ich höre schon, wie du mir als ein guter Hirsch sagst: «Gott weiß, daß ich nicht mehr geizig bin, daß ich nicht mehr das Gut des Nächsten begehre, daß ich die Begierde nach Ehebruch in mir ausgelöscht habe, daß ich nicht mehr krank bin vor Haß und Neid gegen den Nächsten» und dergleichen mehr. Du willst mir sagen: «Ich habe diese Laster nicht», und vielleicht suchst du etwas, das dir Freude machen darf. Richte dein Verlangen auf den Ursprung der Freude: auf die Quellen des ewigen Wassers. Gott kann dich erquicken, und wenn du zu ihm kommst, schnell wie der Hirsch, wird er den Durst stillen, der dich nach der Vernichtung der Schlangen quält . . .

Doch ein solcher Hirsch, von dem wir sprechen, der im Glauben steht, der zwar noch nicht sieht, was er glaubt, aber bereits zu erkennen wünscht, was er liebt, stößt auf die Feindschaft der andern, die noch nicht Hirsche sind wie er, sondern deren Einsicht verdunkelt ist, die in der inneren Finsternis leben, verblendet von ihren lasterhaften Begierden. Sie verspotten obendrein den Gläubigen; und weil er ihnen noch nicht zeigen kann, woran er glaubt, fragen sie ihn: «Wo ist dein Gott?» . . .

Täglich höre ich die Frage: «Wo ist dein Gott?» Und während Tränen mein tägliches Brot waren, habe ich Tag und Nacht über das Gehörte nachgedacht: «Wo ist dein Gott?» Da begab ich mich selbst auf die Suche nach meinem Gott, um, wenn es möglich ist, nicht nur zu glauben, sondern auch etwas von ihm zu erschauen. Denn ich sehe zwar die Geschöpfe meines Gottes, ihn selbst aber, ihren Schöpfer und meinen Gott, sehe ich nicht . . .

Aber ist der Gott der Seele etwas von ihrer eigenen Art? Gott kann gewiß nur mit der Seele begriffen werden; aber er kann nicht auf die gleiche Weise begriffen werden wie sie. Denn diese Seele sucht ja ein Gottesbild, über das man nicht mehr spotten kann: «Wo ist dein Gott?» Sie sucht eine unveränderliche Wahrheit, ein unendlich vollkommenes Wesen. Die Seele aber ist nicht von dieser Art: sie wächst und nimmt ab, sie weiß und weiß doch nicht, sie erinnert sich und vergißt, bald will sie und bald will sie nicht. Eine solche Veränderlichkeit aber kann Gott nicht zukommen . . .

Während ich meinen Gott in den sichtbaren und körperlichen Geschöpfen suche und nicht finden kann, und während ich sein Wesen in mir selbst suche, als wäre es etwas von meiner Art, und es auch hier nicht finde, merke ich, daß Gott etwas ist, was auch die Seele übersteigt. So habe ich, um ihn zu erfassen, «darüber nachgedacht und meine Seele über mich hinaus wachsen lassen». Wie könnte meine Seele erfassen, was über ihr gesucht werden muß, wenn sie nicht über sich hinaus wüchse? Denn wenn sie in sich selbst bliebe, sähe sie nur sich selbst; und wenn sie sich selbst sähe, dann sähe sie doch nicht ihren Gott. Mögen nun meine Spötter fragen: «Wo ist dein Gott?» Laß sie reden: ich aber werde, solange ich nicht sehe, solange mein Schauen noch aufgeschoben ist, «Tag und Nacht das Brot meiner Tränen essen». Und wenn sie noch einmal fragen: «Wo ist dein Gott?» — ich suche meinen Gott in jedem körperlichen Geschöpf, sei es am Himmel oder auf der Erde, und ich finde ihn nicht; ich suche sein Wesen in meiner Seele und finde es nicht; aber dennoch lasse ich nicht in meinen Überlegungen von der Suche nach meinem Gott. Ich verlange «aus seinen Geschöpfen zu Gottes unsichtbarem Wesen in der Erkenntnis aufzusteigen» (Röm. 1, 20). «Ich ließ meine Seele über mich hinaus wachsen», und schon habe ich alles erfaßt — bis auf meinen Gott. Denn dort, über meiner Seele, ist das Haus Gottes. Dort wohnt er, von dort schaut er auf mich herab, von dort hat er mich erschaffen, von dort lenkt er mich, von dort sorgt er für mich, von dort ruft er mich, von dort ermutigt er mich, von dort leitet er mich, von dort führt er mich, von dort geleitet er mich zum Ziel.

Denn er, der in tiefer Verborgenheit seine erhabene Wohnung hat, hat auch auf Erden ein Zelt. Sein Zelt ist auf Erden, seine Kirche ist noch auf der Wanderschaft. Aber hier muß man ihn suchen; denn bei diesem Zelt findet man den Weg, auf dem man zu seinem Hause kommt. Denn als ich meine Seele über mich hinaus wachsen ließ, um meinen Gott zu erfassen: wozu tat ich das? «Weil ich hintreten will an den Ort des Zeltes, jenes wunderbaren Zeltes, um hinzugelangen zum Hause Gottes.» Denn ich bewundere ja schon vieles in diesem Zelt ... Ich bewundere schon die Fähigkeiten in der Seele, und doch weile ich noch am Ort des Zeltes. Aber ich lasse es hinter mir; und wie wunderbar auch das Zelt sein mag, meine Verwunderung wächst noch, wenn ich zum Hause Gottes komme ... Denn dort ist die Quelle der Einsicht, im Heiligtum Gottes, in seinem Hause. Dort hat der Psalmist das Ende von allem erkannt ...

Doch während er noch bewunderte, was zum Zelt gehört, wurde er zum Hause Gottes geführt: Er wurde angezogen von einer Süßigkeit, von einer inneren geheimnisvollen Freude, als ob vom Hause Gottes der süße Klang einer Musik herniederkäme. Und während er noch unter dem Zelte einherging, hörte er einen inneren Klang, ließ sich von der Süßigkeit leiten und folgte den Tönen, brachte allen Lärm von Fleisch und Blut zum Schweigen und kam zum Hause Gottes. Er selbst erwähnt ja seinen Weg und seine Führung, als ob wir ihn gefragt hätten: «Wie bist du, der du das Zelt auf dieser Erde bewunderst, bis zum Innersten des Hauses Gottes gekommen?» «Das geschah», so antwortet er, «durch diesen Klang des Jubels und des Lobes, wie er erklingt, wenn man ein Fest feiert ...» Im Hause Gottes ist ein ewiges Fest. Denn dort gibt es kein Fest, das gefeiert wird und dann vorüber ist. Der Chor der Engel feiert ein ewiges Fest, und das ewig gegenwärtige Antlitz Gottes schenkt eine Freude ohne Ende ... Von dieser ewigen und immerwährenden Festfeier erreicht ein süßer und melodischer Klang die Ohren des Herzens – aber nur wenn das Getöse der Welt verstummt ist. Wer unter diesem Zelte geht und Gottes Wunder zur Erlösung seiner Gläubigen betrachtet, in dessen Ohren klingt schon der Gesang dieses Festes und zieht «den Hirsch zu den Quellen lebendigen Wassers».

Aber, meine Brüder, da wir, solange wir noch im Körper sind, fern vom Herrn wandeln (2. Kor. 5, 6), beschwert unser vergänglicher Körper die Seele, und die irdische Wohnung lastet auf dem Geist, der viel nachdenkt (Sap. 9, 15). Selbst wenn wir manchmal auf unserem Wege die Wolken durch unsere Sehnsucht zerstreuen und diesen Klang vernehmen, so daß wir in unseren Mühen etwas von jenem Hause Gottes erfahren, wir fallen dennoch, wie durch die Last unserer Schwäche gezogen, in unser gewöhnliches Leben zurück und geben uns wieder den nichtigen Gewohnheiten hin. Und wie wir dort Grund zur Freude fanden, so haben wir hier reichlich Grund zur Trauer.

Denn der «Hirsch», von dem wir sprechen, «der Tag und Nacht das Brot seiner Tränen verzehrt», den die «Sehnsucht nach den ewigen Wasserquellen» zieht, d. h. nach der Süßigkeit Gottes, die er innerlich verspürt, der «seine Seele über sich hinaus wachsen läßt», um das zu erfassen, was seine Seele übersteigt, der «hingeht zum Ort des wunderbaren Zeltes, ja bis zum Hause Gottes», der sich so leiten läßt von der Schönheit jenes innerlich vernehmbaren Klanges, daß er alles Äußere verachtet und ganz hingerissen wird von diesen inneren Erlebnissen — er bleibt doch noch ein Mensch, er seufzt noch hienieden, er trägt noch einen gebrechlichen Körper, er hat immer noch Gefahren zu bestehen inmitten der Fallstricke dieser Welt. So schaut er auf sich selbst hernieder wie jemand, der von dort oben kommt, und in diese Trübsal verbannt, vergleicht er sie mit der Freude an jenem Ort, den er zu ihrem Genuß betreten und nach ihrem Genuß wieder verlassen hat, und er spricht zu sich selbst: «Warum bist du traurig, meine Seele, und warum betrübst du mich?» Siehe, wir durften uns ja schon an einer inneren Wonne erfreuen; siehe, wir konnten ja schon mit der Seelenspitze, wenn auch nur ganz schwach und wie im Vorübergehen, etwas Unveränderliches schauen: Warum betrübst du mich da noch und warum bist du da noch traurig? Du willst doch nicht an deinem Gott zweifeln? Du bist ja jetzt für dich nicht mehr ohne Antwort gegen jene, die fragten: «Wo ist dein Gott?» Ich habe bereits etwas Unwandelbares erfahren: «Warum betrübst du mich noch?» «Hoffe auf Gott!» Und da ist es, als wenn ihm seine Seele schweigend die Antwort gäbe: «Warum betrübe ich dich? Doch nur deshalb, weil ich noch nicht dort bin, wo jene Süßigkeit wohnt, die mich in einem kurzen Augenblick schon so entzückt hat. Kann ich denn schon, ohne noch etwas zu fürchten, aus jener Quelle trinken? Brauche ich mich schon jetzt vor keinem Fallstrick mehr in Acht zu nehmen? Bin ich schon so vor meinen Leidenschaften in Sicherheit, wie wenn sie vollständig gezähmt und besiegt wären? Wacht nicht mein Feind, der Teufel, gegen mich? ... Du willst nicht, daß ich dich beunruhige, da ich doch noch in der Welt bin und noch auf der Wanderschaft fern vom Hause meines Gottes?» — Aber «hoffe auf Gott ...!» *Enarratio in Psalmum 41, 2 — 10*

Die Dreifaltigkeit

Glauben wir also mit ganzer Hingabe an den einen Gott, den Vater, Sohn und Heiligen Geist, ohne jedoch zu glauben, der Sohn sei der Vater, oder der Vater sei der Sohn, oder der Heilige Geist, der beiden gemeinsam ist, sei der Vater oder der Sohn! Glauben wir auch nicht, daß es in dieser Dreiheit einen Unterschied der Zeit und des Ortes gibt! Diese drei sind gleich, gleich ewig und besitzen eine und dieselbe Natur. Auch ist nicht das eine Geschöpf vom Vater erschaffen, das andere vom Sohn und ein drittes vom Heiligen Geist; sondern alles, was erschaffen ist und erschaffen wird, besteht durch den ge-

Der heilige Johannes lehrt den heiligen Augustinus das Mysterium von der Dreifaltigkeit, Fresko von Correggio (Kirche San Giovanni, Parma)

meinsamen Schöpfungsakt der Dreifaltigkeit. Auch wird keiner durch den Vater erlöst ohne den Sohn und den Heiligen Geist, oder durch den Sohn ohne den Vater und den Heiligen Geist, oder durch den Heiligen Geist ohne den Vater und den Sohn, sondern durch den Vater, Sohn und Heiligen Geist, den einen wahren Gott, der wahrhaft unsterblich ist, d. h. den einzigen unwandelbaren Gott. Zwar sagt auch die Heilige Schrift viel Besonderes über diese einzelnen Personen; aber sie tut es, um uns über ihre wahre Dreizahl zu belehren, obgleich diese Dreiheit unauflöslich ist. Genauso wie wir nicht gleichzeitig die Namen dieser drei Personen, die doch nicht voneinander zu trennen sind, nennen können, werden sie auch in manchen Schriftstellen einzeln und unter verschiedenen Bildern aus dem Bereich der geschaffenen Dinge angedeutet: der Vater z. B. durch jenes hörbare Wort: «Du bist mein geliebter Sohn» (Lk. 3, 22); der Sohn durch die Menschheit, mit der er sich im Schoß der Jungfrau umkleidet hat (Lk. 2, 7); der Heilige Geist durch die Gestalt der Taube (Mt. 3, 16). Das alles zeigt uns zwar die drei Personen getrennt, aber es beweist nicht ihre Trennung.

Um dies Geheimnis tiefer zu verstehen, nehmen wir unser Gedächtnis, unsern Verstand und unsern Willen als Beispiel zu Hilfe. Denn obwohl wir auch diese drei Kräfte nacheinander und einzeln nennen können, so können wir doch keine von ihnen betätigen oder auch nur über sie sprechen ohne die Mitwirkung der beiden andern. Man darf jedoch nicht annehmen, daß wir diese Dreiheit mit der Dreifaltigkeit so vergleichen, als ob eine vollkommene Übereinstimmung herrscht. Denn welchem Gleichnis kann man jemals eine so große Ähnlichkeit zugestehen, daß es mit der Sache, auf die es angewandt werden soll, völlig übereinstimmt? Und was kann man in der Schöpfung finden, das dem Schöpfer gleichkommt?

Unser Gleichnis nun erweist sich erstens insofern nicht ganz passend, als sich die Dreiheit von Gedächtnis, Verstand und Wille in der Seele befindet und nicht die Seele ist, während die Dreifaltigkeit sich nicht in Gott befindet, sondern Gott ist. Die wunderbare Einfachheit der göttlichen Natur ergibt sich daraus, daß in ihr das Sein, das Erkennen und alles, was man sonst noch darüber aussagen kann, zusammenfallen, während bei der Seele, die z. B. existiert, auch wenn sie nicht erkennt, Sein und Erkennen nicht dasselbe sind. Und wer wagt es, zweitens zu behaupten, daß der Vater auf die gleiche Weise nicht durch sich selbst, sondern durch den Sohn erkennt, wie das Gedächtnis nicht durch sich selbst, sondern durch den Verstand erkennt oder vielmehr die Seele selbst, die diese Fähigkeiten umschließt, nur durch den Verstand erkennt, nur durch das Gedächtnis sich erinnert und nur durch den Willen will? Dieses Gleichnis dient also lediglich dazu, daß wir ein wenig begreifen: Wie bei einer aufeinanderfolgenden Nennung der drei Seelenkräfte keine der drei genannt werden kann ohne die Mitwirkung aller — da man, um sie zu nennen, sich erinnern, erkennen und wollen muß — ebenso gibt es kein Geschöpf, durch das man zwar den Vater, den Sohn oder den Heiligen Geist allein bezeichnen kann, das aber nicht von der Dreifaltigkeit hervorgebracht wäre, die immer zusammen wirkt. Daher sind die Stimme, die den Vater anzeigt, die Seele und der Leib des Sohnes, die Taube, in welcher der Heilige Geist erschienen ist, das gemeinsame Werk der Dreifaltigkeit. *Brief 169, 2 (5—6)*

Wir sind die Glieder des Leibes Christi

Meine Brüder, ihr seht, daß jedes unserer Glieder seine Aufgabe hat. Das Auge sieht, es hört nicht; das Ohr hört, es sieht nicht; die Hand arbeitet, sie hört und sieht nicht; der Fuß geht, er hört und sieht nicht und tut auch nicht das, was die Hand tut. Aber in der Einheit des gesunden Körpers, in dem die Glieder nicht gegeneinander streiten, sieht das Ohr durch das Auge, und das Auge hört durch das Ohr; und man kann dem Ohr nicht vorwerfen, daß es nicht sieht, indem man sagt: «Du bist nichts oder weniger wert; kannst du etwa die Farben sehen und unterscheiden, wie es das Auge tut?» Denn dank

Der heilige Augustinus. Aus einem Manuskript des «Gottesstaates» von 1489 (Universitätsbibliothek, Basel)

der friedlichen Einheit des Leibes kann das Ohr antworten: «Ich bin da, wo das Aug ist, denn ich gehöre zu demselben Leib. Ich sehe nicht durch mich selbst, aber ich sehe durch das Organ, mit dem ich zusammen bin.» So sagt das Ohr: «Das Auge sieht für mich»; das Auge sagt: «Das Ohr hört für mich»; Augen und Ohren sagen: «Die Hände arbeiten für uns»; die Hände sagen: «Augen und Ohren sehen und hören für uns»; Augen, Ohren und Hände sagen: «Die Füße gehen für uns.» Wenn alle Glieder in der Einheit des Leibes zusammenwirken, und wenn dort Gesundheit und unter den Gliedern Eintracht herrscht, dann freuen sich die Glieder selbst, und sie freuen sich miteinander. Und wenn ein Glied etwas leidet, dann lassen die andern es nicht im Stich, sondern leiden mit ihm. Werden etwa die Augen deshalb, weil sie im Leib so weit vom Fuß entfernt sind, sich nicht darum kümmern, wenn einmal der Fuß in einen Dorn getreten ist? Sehen wir nicht im Gegenteil, daß der ganze Leib sich zusammenzieht, der Mensch sich setzt und der Rücken sich krümmt, um den Dorn zu suchen, der in den Fuß gedrungen ist? Alle Glieder tun, was sie können, um den Dorn herauszuziehen, der in diesem letzten und geringen Gliede steckt.

So soll auch, meine Brüder, wer im Leibe Christi keinen Toten erwecken kann, nicht nach dieser Macht streben, sondern er soll versuchen, sich in den Leib einzufügen, wozu z. B. das Ohr nicht imstande wäre, wenn es sehen wollte. Man kann nämlich nicht etwas tun, das man nicht als Gabe bekommen hat. Wenn man aber einem solchen Menschen den Vorwurf macht: «Wenn du gerecht wärest, könntest du Tote erwecken, wie es Paulus getan hat» ..., wenn unwissende Heiden ihm das vorwerfen, dann soll das einfache Glied Christi erwidern: ‹Du sagst mir, ich sei nicht gerecht, weil ich keine Wunder wirke. Mit dem gleichen Recht könntest du auch dem Ohr sagen, es gehöre nicht zum Leib, weil es nicht sieht.» Man könnte ferner sagen: «Auch du müßtest tun, was Petrus getan hat.» — «Aber Petrus hat es auch für mich getan, weil ich zu dem Leib gehöre, in dem Petrus es getan hat; in diesem Leib kann auch ich, was Petrus kann, weil ich mit ihm verbunden bin. Wenn ich weniger kann, dann leidet er mit mir; wenn er mehr kann, dann freue ich mich mit ihm (1. Kor. 12). Hat nicht der Herr selbst im Namen seines Leibes aus der Höhe gerufen: ‹Saulus, Saulus, warum verfolgst du mich?› (Apg. 9, 4). Und doch blieb er unberührt, aber er rief vom Himmel herab als das Haupt im Namen seines Leibes, der auf Erden litt.»

Enarratio in Psalmum 130, 6

Gottes- und Nächstenliebe

«Wie finden wir nun in diesen beiden Befehlen des Herrn die zwei Gebote der Liebe angedeutet? ‹Nimm, sagt er, dein Bett und wandle.› Welches die zwei Gebote sind, das, Brüder, überdenkt mit mir. Denn sie müssen ganz bekannt sein und uns nicht bloß jetzt in den Sinn kommen, da sie von uns erwähnt werden, sondern sie dürfen niemals aus unserm Herzen verschwinden. Denket überhaupt immer daran, man müsse Gott und den Nächsten lieben: ‹Gott aus ganzem Herzen, aus ganzer Seele und aus ganzem Gemüte, und den Nächsten wie sich selbst.› Dies muß man immer bedenken, dies überlegen, dies behalten, dies tun, dies ins Werk setzen. Die Liebe Gottes ist früher in der Ordnung des Befehlens, die Liebe des Nächsten aber ist früher in der Ordnung des Vollbringens. Denn wer dir die Liebe in den beiden Geboten ans Herz legen würde, der würde dir nicht zuerst den Nächsten und dann Gott nennen, sondern zuerst Gott und dann den Nächsten. Du aber, weil du Gott noch nicht siehst, sollst durch die Liebe des Nächsten verdienen, daß du ihn siehst; durch die Liebe des Nächsten reinigst du das Auge zum Schauen Gottes, wie klar Johannes sagt: ‹Wenn du den Bruder, den du siehst, nicht liebst, wie wirst du Gott, den du nicht siehst, lieben können› (1. Joh. 4, 20). Siehe, es wird dir gesagt: Liebe Gott. Wenn du mir sagst: Zeige mir den, welchen ich lieben soll, was werde ich antworten, als was Johannes selbst sagt: ‹Gott hat niemand je gesehen› (Joh. 1, 18). Und damit du nicht meinest, du seiest ganz und gar vom Schauen Gottes ausgeschlossen, sagt er: ‹Gott ist die Liebe, und wer in der Liebe bleibt, bleibt in Gott› (1. Joh. 4, 16). Liebe also den Nächsten und schau in dich selbst hinein, warum du den Nächsten liebst, da wirst du, soviel dir möglich, Gott sehen. Beginne also den Nächsten zu lieben. ‹Brich dem Hungernden dein Brot, und führe den obdachlosen Armen in dein Haus; wenn du einen Nackten siehst, kleide ihn, und verachte nicht deine Blutsverwandten.› Wenn du aber dies tust, was wirst du erlangen? ‹Dann wird hervorbrechen wie Morgenrot dein Licht› (Jes. 58, 7 f). Dein Licht ist dein Gott, für dich ‹ein Morgenrot›, weil er sich nach der Nacht der Welt dir zeigen wird; denn er selbst geht weder auf noch unter, weil er immer bleibt. Er wird für dich ein Sonnenaufgang sein, wenn du zurückkehrst, wie er für dich ein Sonnenuntergang war, als du dich abkehrtest. Also mit der Aufforderung: Nimm dein Bett, scheint er mir gesagt zu haben: Liebe deinen Nächsten.»

In Johannis Evangelium Tractatus 17, 8

Die Arbeit ist eine Freude

«Und Gott der Herr nahm den Menschen, den er gemacht hatte, und versetzte ihn ins Paradies, damit er wirke und bewache» (Gen. 2, 15). Was sollte er wirken und was sollte er bewachen? Wollte Gott vielleicht, daß der erste Mensch sich dem Ackerbau widme? Oder sollen wir glauben, Gott habe den Menschen schon vor dem Sündenfall zur Arbeit verurteilt? Das könnten wir in der Tat annehmen, wenn wir nicht sähen, wie sich manche Menschen mit soviel innerer Freude dem Ackerbau hingeben, daß sie nur zu ihrem größten Leidwesen an eine andere Aufgabe gestellt werden könnten. Welche Freuden auch immer der Ackerbau hat: damals hatte er noch viel größere, als es für ihn noch keine widrigen Ereignisse auf Erden und vom Himmel her gab. Denn das war keine mühevolle Arbeit, sondern ein heiterer Dienst des Willens, als die Geschöpfe Gottes, gefördert durch das Wirken des Menschen, noch üppiger und ertragreicher wuchsen, und die Menschen so den Schöpfer noch mehr dafür lobten, daß er ihrer Seele, die doch in einem sinnlichen Leibe wohnt, einen Verstand gegeben hat und die Möglichkeit zur Arbeit in dem Maße, wie es seinem Willen angenehm war, nicht in dem Maße, wie es die Bedürfnisse seines Körpers verlangten.

Denn es gibt kein größeres und wunderbareres Schauspiel und keines, bei dem sich der menschliche Verstand in einem gewissen Sinne besser unterhalten könnte: Hier kann er den Samen streuen, Schößlinge pflanzen, Reiser einpfropfen, junge Triebe einsetzen und dabei jede Wurzel- und Sproßkraft gleichsam nach ihrem Vermögen und seinen Grenzen fragen, nach deren Ursprung und nach dem, was sie aus sich und was sie mit Hilfe der ihr von außen zugewandten Pflege vermag. Und bei diesen Erwägungen kann er sich zu der Erkenntnis aufschwingen, daß «weder der, der pflanzt, noch der, der sät, etwas ist, sondern der allein, der das Wachstum gibt: Gott» (1. Kor. 3, 7).

Das Leben auf den Feldern, Mosaik des Meisters Julius, 4. bis 5. Jahrhundert. (Museum in Bardo)

Denn auch das, was dem Werk von außen zuteil wird, wird ihm zuteil durch den Menschen, den Gott genauso erschaffen hat und unsichtbar führt und lenkt wie die anderen Geschöpfe.

De genesi ad litteram VIII 8 (15—16)

Die Sittlichkeit im geschäftlichen Leben

«Ich werde den ganzen Tag dein Heil preisen, weil ich keinen Handel kenne.» Was bedeutet dieser Handel? Die Kaufleute mögen zuhören und ihr Leben ändern; was sie waren, mögen sie nicht mehr sein; sie mögen nicht mehr wissen, was sie waren, und es vergessen; und schließlich mögen sie nicht mehr billigen und gutheißen, was sie waren, sondern es mißbilligen und verurteilen. Sie mögen sich bessern, wenn der Handel eine Sünde ist. Denn aus Habgier wirst du, o Kaufmann, Gott lästern, wenn du einen Verlust gehabt hast, und man wird bei dir das vermissen, was wir gerade gesagt haben: «Gottes Lob den ganzen Tag». Wenn du nämlich um einen günstigen Preis deiner Waren nicht nur lügst, sondern sogar falsch schwörst, wie ist dann Gottes Lob den ganzen Tag in deinem Munde? Wie wird, wenn du Christ bist, aus deinem Munde Gott dadurch gelästert (Röm. 2,

24), daß man sagt: «Seht, das sind die Christen!» Wenn also der Psalmist den ganzen Tag Gottes Lob singt, weil er den Handel nicht kennt, dann müssen die Christen sich bessern und dürfen keinen Handel treiben.

Aber da sagt mir ein Kaufmann: «Siehe, ich bringe von weither Waren dorthin, wo sie fehlen, und ich will davon leben: Als Lohn für meine Mühe verlange ich beim Verkauf einen höheren Preis als den, um den ich eingekauft habe. Denn wovon sollte ich sonst leben, da doch geschrieben steht: ‹Der Arbeiter ist seines Lohnes wert› (Lk. 10, 7)? Du aber sprichst von Lüge und Meineid. Das ist *mein* Fehler, nicht der meines Berufes; denn wenn ich wollte, könnte ich ihn auch ohne Betrug ausüben. Ich schiebe also meine Schuld nicht auf den Handel: wenn ich lüge, dann lüge *ich*, und nicht der Handel. Ich könnte ja sagen: Ich habe so teuer eingekauft, aber um diesen Preis will ich verkaufen; wenn es dir recht ist, dann kaufe. Denn ein so ehrliches Wort würde keinen Käufer abschrecken, sondern es würden im Gegenteil alle herbeieilen, weil sie Treue und Glauben noch höher schätzen als die Ware. Fordere mich also auf, nicht zu lügen

Die beiden Städte. Aus einem Manuskript des «Gottesstaates» von 1489 (Universitätsbibliothek, Basel)

und nicht falsch zu schwören; aber verlange nicht die Aufgabe des Handels, von dem ich lebe. In welchen Beruf wolltest du mich denn bringen, wenn du mich von diesem abgebracht hast? Vielleicht in ein Handwerk? Gut, ich werde Schuhmacher sein und den Leuten Schuhe machen. Lügen denn Schuhmacher nicht, und schwören nicht auch sie falsch? Wenn sie von jemand einen Auftrag für Schuhe empfangen haben und von einem andern gleich Geld bekommen, lassen sie dann etwa nicht den ersten Auftrag liegen, um sich dem zweiten zuzuwenden zum Nachteil des ersten Kunden, dem sie schnelle Arbeit versprochen haben? Sagen sie nicht oft: Heute noch gehe ich an die Arbeit; heute noch wird sie fertig? Und betrügen sie nicht ebenso bei der Anfertigung der Schuhe selbst? Sie sagen so, und sie handeln anders. Aber sie selbst sind schlecht, nicht das Handwerk, das sie ausüben. Alle Handwerker, die selbst schlecht sind und Gott nicht fürchten, lügen und schwören falsch, sei es aus Gewinnsucht oder aus der Furcht vor Schaden und Armut: und deswegen loben sie Gott nicht den ganzen Tag.

Warum also willst du mich vom Handel abbringen? Soll ich vielleicht Bauer werden und in diesem Beruf gegen Gott murren, wenn er ein Gewitter schickt, und bei einem drohenden Hagel den Wahrsager befragen, um ein Mittel gegen das Wetter zu erfahren, und den Armen eine Hungersnot wünschen, damit ich meine Vorräte verkaufen kann? Willst du mich soweit bringen? – ‹Aber die guten Bauern›, entgegnest du mir, ‹tun das nicht.› – Auch die guten Kaufleute tun nicht, was du ihnen vorwirfst. Und wie ist es denn, wenn man Kinder hat? Ist das darum etwas Schlechtes, weil schlechte und ungläubige Mütter ihre Zuflucht zu gotteslästerlichen Amuletten und Zaubersprüchen nehmen, wenn die Kinder Kopfschmerzen haben? Diese Sünden kommen von den Menschen, nicht von ihren Berufen.» Auch das könnte mir der Kaufmann sagen: «Sieh also zu, Bischof, wie du jenen Handel zu verstehen hast, von dem du da im Psalterium liest, damit du mir nicht aus einem Mißverständnis heraus den Handel verbietest. Zeige mir vielmehr, wie ich leben soll; denn wenn ich gut lebe, wird es gut um mich bestellt sein. Das eine jedoch weiß ich: Wenn ich schlecht bin, dann kommt das nicht vom Handel, sondern von meiner Bosheit.» – Wenn etwas wahr ist, dann darf man nicht widersprechen. *Enarratio in Psalmum 70 I, 17*

Zweierlei Liebe – zweierlei Staaten

«Zweierlei Liebe hat also die beiden Staaten gegründet, den Weltstaat die bis zur Verachtung Gottes gehende Selbstliebe, den himmlischen Staat die bis zur Selbstverachtung gehende Gottesliebe. Und so rühmt sich der eine in sich selbst, der andere im Herrn. Der eine sucht Ruhm bei den Menschen, dem anderen ist Gott, der Zeuge des Gewissens, sein größter Ruhm. Der eine erhebt sein Haupt im eigenen Ruhm, der andere spricht zu seinem Gott: ‹Du bist mein Ruhm und hebst mein Haupt empor› (Ps. 3, 4). Über den einen herrscht in seinen Fürsten oder in den unterjochten Völkern die Herrschgier, im anderen Staate dienen einander in gegenseitiger Liebe die Vorgesetzten durch ihre Fürsorge und die Untertanen durch ihren Gehorsam. Der eine liebt in seinen Machthabern die eigene Stärke, der andere spricht zu seinem Gott: ‹Ich will Dich lieben, Herr, meine Stärke› (Ps. 18, 2). Im einen haben deshalb die Weisen, nach dem Menschen lebend, die Güter ihres Leibes oder die ihres Geistes oder beide zusammen angestrebt, oder die unter ihnen, die Gott zu erkennen vermochten, ‹haben ihn doch nicht wie Gott geehrt oder Dank gesagt, sondern sind eitel geworden in ihren Gedanken und ihr törichtes Herz hat sich verfinstert; sie sagten, sie seien weise› (d. h. da der Hochmut über sie herrschte, brüsteten sie sich mit ihrer Weisheit), ‹und wurden Toren und vertauschten die Herrlichkeit des unvergänglichen Gottes mit dem Gleichnis und Bild des vergänglichen Menschen, der Vögel, der vierfüßigen und kriechenden Tiere› (in der Anbetung solcher Götzenbilder waren sie Anstifter der Völker oder deren Nachahmer) ‹und erwiesen Verehrung und Dienst viel mehr dem Geschöpf als dem Schöpfer, der gepriesen ist in Ewigkeit› (Römer 1, 21 – 25). Im Gottesstaat dagegen gibt es keine Menschenweisheit als die Frömmigkeit, die den wahren Gott in rechter Weise verehrt und als Lohn in der Gemeinschaft nicht nur heiliger Menschen, sondern auch der Engel erhofft, ‹daß Gott alles in allem sei›» (1. Kor. 15, 28).

Gottesstaat XIV [28]

Der bedingte Friede zwischen Gottesstaat und Weltstaat

«Eine Familie jedoch, die nicht aus dem Glauben lebt, sucht den irdischen Frieden aus den Gütern und Annehmlichkeiten dieses zeitlichen Lebens zu gewinnen. Dagegen eine Familie, die aus dem Glauben lebt, erhofft die ewigen Güter, die für die Zukunft verheißend sind, und gebraucht die irdischen und zeitlichen Dinge wie ein Fremdling, läßt sich von ihnen nicht fesseln und von der Richtung auf Gott nicht abbringen. Sie gebraucht sie vielmehr als ein Hilfsmittel zur leichteren Ertragung, nicht aber zur Vermehrung der Last des ‹gebrechlichen Leibes, der die Seele beschwert› (Weish. 9, 15). Darum ist zwar der Gebrauch der für dieses vergängliche Leben notwendigen Güter beider Arten von Menschen und Familien gemeinsam, allein der Gebrauchszweck ist bei beiden Arten anders und grundverschieden. So sucht auch der Weltstaat, der nicht aus dem Glauben lebt, den weltlichen Frieden und beabsichtigt mit der Eintracht der Bürger im Befehlen und Gehorchen eine gewisse Willensübereinstimmung der einzelnen in den zum vergänglichen Leben gehörigen Angelegenheiten. Der himmlische Staat aber, oder besser, der Teil davon, der in diesem vergänglichen Leben in der Fremde pilgert und aus dem Glauben lebt, bedarf notwendigerweise des irdischen Friedens gleichfalls, bis

Augustinus als Bischof, von Luca della Robbia (Hochaltar in der Kirche Santa Maria delle Grazie, Arezzo)

das vergängliche Dasein, das einen solchen Frieden nötig hat, vorüber ist. Solange er darum an der Seite des Weltstaates gleichsam das Gefangenenleben seiner Pilgerschaft führt, wobei er freilich schon die Verheißung der Freiheit und als Unterpfand dafür die Gabe des Geistes besitzt, fügt er sich unbedenklich den Gesetzen des Weltstaates, durch die das für die Erhaltung des sterblichen Lebens Zweckmäßige geregelt wird. Sonach besteht Eintracht zwischen beiden Staaten in den Dingen, die zum Bereich des vergänglichen Lebens gehören, da dieses ja beiden gemeinsam ist. — Nun aber hat der Weltstaat in seinen Reihen einige Weise gehabt, die von der göttlichen Lehre verworfen werden, und die auf Mutmaßungen hin oder von Dämonen berückt glaubten, man müsse eine Vielzahl von Göttern für die menschlichen Angelegenheiten interessieren . . . Der himmlische Staat dagegen kennt nur die Verehrung eines einzigen Gottes und hält in gläubiger Frömmigkeit daran fest, daß ihm ausschließlich der Dienst zu erweisen ist, den die Griechen λατρεία nennen und der allein Gott gebührt. Daher konnte er die Religionsgesetze nicht mit dem Weltstaat gemein haben und mußte in dieser Hinsicht von ihm abweichen, den Andersdenkenden lästig fallen, ihren Zorn, Haß und Verfolgungssturm über sich ergehen lassen, nur daß er zuweilen die Erregung der Gegner durch die Angst vor der großen Zahl seiner Anhänger und jedesmal nur durch göttliche Hilfe ablenkte. Dieser himmlische Staat beruft nämlich während seiner irdischen Pilgerschaft seine Bürger aus allen Stämmen und sammelt seine Pilgergemeinde aus allen Sprachen, unbekümmert um alle Unterschiede in den Gebräuchen, Gesetzen und Einrichtungen, wodurch der irdische Frieden begründet oder erhalten wird. Nichts davon lehnt oder schafft er ab, im Gegenteil bewahrt und befolgt er die bei aller nationalen Verschiedenheit doch auf ein und dasselbe Ziel des irdischen Friedens berechneten Einrichtungen, soweit sie kein Hindernis für die Religion, die die Anbetung des einen, höchsten und wahren Gottes lehrt, bedeuten. So bedient sich also auch der himmlische Staat während seiner irdischen Pilgerschaft des irdischen Friedens und erhält und erstrebt in den die sterbliche Menschennatur betreffenden Dingen die Willensübereinstimmung der Menschen, soweit dies unbeschadet der Frömmigkeit und Religionsübung statthaft ist. Diesen irdischen Frieden setzt er in Beziehung zum himmlischen Frieden, der in Wahrheit Friede in dem Sinn heißt, daß wenigstens für das vernunftbegabte Geschöpf er allein als Friede anzusehen und zu bezeichnen ist, nämlich als die vollkommen geordnete und einträchtige Gemeinschaft des Gottesgenusses und des wechselseitigen Genusses in Gott. Ist man dorthin gelangt, so gibt es kein sterbliches Leben mehr, sondern nur ein allseits und unverlierbar lebendiges, keinen psychischen Leib, der in seiner Gebrechlichkeit die Seele beschwert, sondern einen geistigen ohne jedes Bedürfnis, gänzlich dem Willen unterworfen. Diesen Frieden besitzt der Bürger des Gottesstaates während seiner Pilgerschaft im Glauben und aus diesem Glauben führt er ein gerechtes Leben, indem er auf die Erlangung jenes Friedens hinzielt mit all seinen guten Werken gegen Gott und den Nächsten; denn das Leben eines Staates legt ja auch Wert auf die Beziehung zum Nebenmenschen.» *Gottesstaat, XIX, 17*

Anklang des Hauptthemas: Die beiden Staaten

«Dies und Ähnliches, bei Gelegenheit vielleicht noch mehr, mag die erlöste Gemeinde Christi, des Herrn, und der pilgernde Staat des Christenkönigs den Feinden erwidern.

Freilich sollte man dabei bedenken, daß unter diesen Feinden zukünftige Mitbürger verborgen sind, damit man es wenigstens um dieser willen nicht für zwecklos halte, sie als Widersacher zu ertragen, bis sie einmal das Glaubensbekenntnis ablegen; wie ja auch der Gottesstaat während seiner irdischen Pilgerschaft Menschen aus den Reihen seiner Feinde birgt, die mit ihm durch die gemeinsame Teilnahme an den Sakramenten verbunden, doch im ewigen Reich der Heiligen nicht zu ihm gehören werden. Teils sind diese noch unbekannt, teils bereits offenkundig. Solche scheuen sich nicht einmal mit den Feinden wider Gott, dem sie zugeschworen haben, zu murren. Bald füllen sie mit diesen die Theater, bald mit uns die Kirchen. An der Möglichkeit einer Besserung auch bei einigen von ihnen darf man jedoch um so weniger verzweifeln, als unter den offenkundigen Gegnern prädestinierte Freunde verborgen sind, die davon selbst noch keine Ahnung haben. Denn die beiden Staaten sind in dieser Welt ineinander verschlungen und miteinander vermengt, bis sie durch das Jüngste Gericht getrennt werden. Über deren Entstehung, Fortgang und gebührendes Ende werde ich, soweit mir Gott hilft, zum Ruhme des Gottesstaates, der durch den Vergleich mit anderen, gegenteiligen Staaten um so heller erstrahlen wird, dartun, was ich für nötig halte.» *Gottesstaat, I, 35*

Aufforderung an die Römer, vom Kult der Götter abzulassen

«Danach solltst du lieber begehren, preiswürdige echte Römerart, Geschlecht eines Regulus, Scaevola, Scipio, Fabricius; danach sollst du lieber begehren; sieh, wie verschieden dies ist von jenem schändlichen, eitlen Treiben der Dämonen und von ihrer trugbeflissenen Bosheit. Was immer als treffliche Naturanlage dich auszeichnet, es wird nur durch wahre Frömmigkeit geläutert und vervollkommnet, durch Gottlosigkeit dagegen verderbt und strafwürdig. Nunmehr entschließe dich, wohin du dich wenden sollst, um nicht in dir, sondern im wahren Gott ohne Gefahr einer Irrung Ruhm zu finden. Denn ehedem umgab dich der Ruhm der Welt, aber es war nach dem geheimen Ratschluß der göttlichen Vorsehung die wahre Religion nicht vorhanden, dich ihr anzuschließen. Erwache, es ist Tag, wie du er-

wacht bist in so manchen, die uns durch ihre vollkommene Tugend und selbst durch Leiden für den wahren Glauben Gegenstand des Ruhmes sind, die nach allen Seiten hin wider die feindlichsten Gewalten kämpften, sie durch einen heldenmütigen Tod überwanden und ‹mit ihrem eignen Blut dieses Vaterland uns erwarben› (Vergil, Aen. 11, 25 f). In dieses Vaterland überzusiedeln laden wir dich mit mahnender Stimme ein, geselle dich der Schar seiner Bürger bei. Seine Freistatt sozusagen ist der wahrhaftige Sündennachlaß. Höre nicht auf die Entarteten deines Volkes, die auf Christus und die Christen schmähen und in Selbsttäuschung über die bösen Zeiten klagen, da sie doch Zeiten wünschen, nicht eines friedlichen Lebens, sondern nur der größten Freiheit für ihre Schlechtigkeit. Solche Zeiten haben dir aber niemals, auch nicht für das irdische Vaterland gefallen.

Augustinus mit Stifterfigur, Holzplastik von Nikolaus von Hagenau (Kolmar, Museum Unterlinden)

Nunmehr ergreife das himmlische, für das du nur ganz wenig zu leiden brauchst, und doch wirst du in ihm wahrhaft und immerfort herrschen. Denn dort wird dir nicht der vestalische Herd noch der Kapitolinische Fels, sondern der eine und wahre Gott ‹weder Ziel noch Grenzen der Herrschaft setzen, er wird dir ein Reich ohne Ende geben› (Vergil, Aen. 1, 278).

Geh nicht den falschen und trügerischen Göttern nach; weg damit, verachte sie, erhebe dich zur wahren Freiheit. Sie sind keine Götter, böse Geister sind sie, für die deine ewige Seligkeit eine Pein ist. Mehr noch als Juno den Trojanern, von denen du deine Herkunft ableitest, die Bergung in Rom mißgönnte, mißgönnen diese Dämonen, die du annoch für Götter hältst, dem ganzen Menschengeschlecht die ewigen Wohnsitze. Du hast ja selbst über solche Geister schon ein bedeutungsvolles Urteil gefällt, da du sie durch Spiele versöhntest und die Darsteller der Spiele für ehrlos erklärtest. Laß Deine Freiheit in Schutz nehmen wider die unreinen Geister, die deinem Nacken das Joch auferlegt haben, zu ihren Ehren ihre Schande zu weihen und zu feiern. Die Mimen der Götterverbrechen hast du von deinen Ehrenstellen weggewiesen; flehe zum wahren Gott, daß er von dir jene Götter weise, die sich an ihren Schandtaten ergötzen, eine unsägliche Schmach, wenn sie wirklich geschahen, eine unsägliche Bosheit, wenn sie fingiert sind. Aus dir selbst heraus hast du den Schauspielern und Bühnenleuten den Anteil am Bürgerrecht verwehrt; recht so; erwache noch vollends. Gewiß wird durch solche Künste, die die Menschenwürde schänden, Gottes Majestät nicht versöhnt. Wie kannst du also Götter, die sich an solcher Huldigung ergötzen, der Zahl der heiligen Himmelsgewalten beigesellen wollen, da du die Menschen, durch die eben diese Huldigungen dargebracht werden, der Zahl der niedrigsten römischen Bürger nicht beigesellen wolltest? Unvergleichlich herrlicher ist die himmlische Gemeinde, in der Sieg und Wahrheit, Würde und Heiligkeit, Friede und Seligkeit, Leben und Ewigkeit herrschen. Wenn du in deiner Gemeinschaft schon solche Menschen zu haben dich schämtest, so gibt es in jener Gemeinschaft noch viel weniger solche Götter. Wenn du dich also sehnst, zur seligen Gemeinde zu gelangen, so meide die Gemeinschaft mit den Dämonen. Unwürdig der Verehrung der Rechtschaffenen sind die, die Versöhnung durch Ehrlose entgegennehmen. Wie die Schauspieler durch zensorische Rüge von deinem Ehrenstande ausgeschlossen worden sind, so sollen die Götter durch die christliche Reinigung von deiner Verehrung ausgeschlossen werden.» *Gottesstaat, II, 29*

Betet für euren Bischof!

Vom Irrtum gelöst, befreit von der Schwierigkeit im Vollbringen des Guten, geheilt vom Ekel und Überdruß am Wort Gottes, bist du vielleicht würdig der Leitung seines Volkes, würdig, an das Steuer des Schiffes zu treten, um eine Kirche zu regieren. Hier zeigt sich eine vierte Versuchung. Die Stürme des Meeres, die die Kirche erschüttern, bedrängen auch den Steuermann. Schließlich kann jeder Gläubige im Volke Gottes die drei ersten Versuchungen erfahren, aber die vierte ist die unsere; denn je mehr man uns ehrt, um so mehr sind wir in Gefahr. Jeder von euch muß fürchten, daß ihn ein gefährlicher Irrtum von der Wahrheit abspenstig macht; jeder muß fürchten, daß er sich von seiner Begierde besiegen läßt, indem er lieber ihr folgt, als daß er zum Herrn ruft in den Schwierigkeiten, die sie ihm bereitet; ein jeder muß fürchten, daß er den Geschmack am Wort Gottes verliert und an diesem Überdruß zugrunde geht. Die Versuchung aber, die mit der Seelenleitung verbunden ist, die Versuchung, die aus den Gefahren in der Regierung einer Kirche erwächst, trifft in erster Linie uns. Aber wie könnt ihr gleichgültig bleiben, wenn das ganze Schiff in Gefahr ist? Ich sage das, weil ich fürchte, ihr möchtet euch in der Meinung, diese vierte Versuchung sei nur unsere Sache, weniger beunruhigen und weniger für uns beten, obgleich ihr da erst recht beten müßt, weil ihr ja zuerst vom Schiffbruch bedroht seid. Denn fahrt ihr, meine Brüder, weil ihr nicht am Steuer steht, deshalb auch nicht im gleichen Schiff?

Enarratio in Psalmum 106, 7

Von der Schwierigkeit, bei der Zurechtweisung Fehlender das Richtige zu treffen

«Was soll ich sagen, ob es notwendig ist, zu strafen oder nicht zu strafen? Gewiß wollen wir, daß alles, was sich hierauf bezieht, denen zum Heile gereiche, die wir strafen oder nicht strafen zu sollen glauben. Auch welche Art des Strafens einzuhalten ist, nicht nur gemäß der Beschaffenheit und Größe der Schuld, sondern auch gemäß gewisser Gemütsanlagen, ferner wieviel der eine ertragen kann, dem anderen aber nicht auferlegt werden darf, weil er daraus nicht nur keinen Nutzen zieht, sondern infolge hiervon der Mutlosigkeit verfällt; wieviele, wie heikle Fragen berührt dieses Thema. Auch weiß ich nicht, ob die Furcht vor einer bevorstehenden, von Menschen gefürchteten Strafe mehr Menschen besser oder schlimmer gemacht hat. Wie verhält es sich mit dem häufig vorkommenden Fall, daß jemand, falls man ihn bestraft, zugrunde geht, ein anderer aber zugrunde geht, falls man den ersteren unbestraft läßt? Ich gestehe, daß ich in diesen Dingen täglich fehle und bisweilen nicht weiß, auf welche Art ich folgende Schriftstellen erfüllen soll: ‹Weise die Irrenden vor allen zurecht, damit die Übrigen Furcht bekommen› (1. Tim. 5, 20). ‹Stelle ihn zur Rede zwischen dir und ihm allein› (Matth. 18, 15). ‹Richtet nicht vor der Zeit› (1. Kor. 4, 5). ‹Richtet nicht, damit ihr nicht gerichtet werdet› (Matth. 7, 1 und Luk. 6, 37), — wobei zu beachten ist, daß beim Nachsatz nicht beigefügt ist ‹vor der Zeit›. Ferner: ‹Wer bist du, daß du einen fremden Knecht richtest? Er steht und fällt seinem Herrn. Er wird aber stehen, denn Gott

Weihe des heiligen Augustinus, von Jaime Huguet, 15. Jahrhundert (Museum in Barcelona)

vermag, ihn aufrecht zu erhalten› (Röm. 14, 4). Wie sehr also hat man sich bei alldem zu fürchten, mein Paulinus, heiliger Mann Gottes; welche Bangigkeit, welches Dunkel herrscht hier in der Seele.

Werden denn nicht selbst die Aussprüche Gottes von uns mehr obenhin berührt als von Grund aus erfaßt? Fragen wir denn nicht bei der weit größeren Anzahl von ihnen mehr nach ihrem Sinn, als daß wir etwas Bestimmtes und Zuverlässiges wissen? Und so wenig Beruhigendes auch diese vorsichtige Unbestimmtheit hat, so ist sie doch weit besser als verwegene Behauptung. Wird nicht bei der Auslegung vieler Stellen ein Mann, der nicht mehr nach dem Fleische, was der Apostel als den Tod bezeichnet (Römer 8, 5 und 6), sein Urteil einrichtet, dem großes Ärgernis geben, der noch nach dem Fleische urteilt? Da ist es also höchst gefährlich, seine Ansicht zu sagen, höchst beschwerlich, sie zu verschweigen, und ganz und gar verderblich, anders zu sprechen, als man denkt. Wenn uns nun an den Reden oder Schriften solcher, die der Kirche angehören, einiges nicht gefällt, und wir im Glauben, dies gehöre zur Freiheit der brüderlichen Liebe, unser Urteil nicht verhehlen, wie schwer sündigt man dann gegen uns, wenn man glaubt, dies geschehe von uns nicht aus Wohlwollen, sondern aus Mißgunst. Und umgekehrt: wenn wir den Verdacht haben, daß die Tadler unserer Ansichten eher beleidigen als berichtigen wollen, wie schwer sündigen wir da gegen andere. Daraus entstehen ja bekanntlich öfter Feindschaften unter den vertrautesten und befreundetsten Personen, indem ‹sich einer für den anderen über das vorgeschriebene Maß gegen einen dritten wichtig macht› (1 Kor. 4, 6), während sie sich so gegenseitig beißen und verspeisen, ist zu fürchten, daß sie sich einander noch ganz aufzehren. ‹Wer wird mir also Flügel geben gleich der Taube, auf daß ich fliege und ruhe›? (Ps. 55, 7) Vielleicht weil die Gefahren, in denen man sich gerade befindet, schwerer drücken, als diejenigen, von denen man keine Erfahrung hat, vielleicht aber, weil es sich wirklich so verhält, scheint mir jede Kleinmütigkeit und jeder Sturm in der Wüste weniger lästig zu sein als das, was wir unter den Leuten erdulden oder fürchten.»

Brief 95, 3—4

«Oft auch läßt die göttliche Vorsehung es zu, daß selbst gute Männer, durch gärenden Zwiespalt fleischlicher Leute, aus der christlichen Gemeinde verstoßen werden. Tragen sie nun diese Schmach, oder dieses Unrecht, mit der äußersten Geduld, um den Frieden der Kirche nicht zu stören; erregen sie keine Neuerung, weder der Spaltung noch der Irrlehre, so werden sie durch Beispiel die Menschen lehren, mit welcher wahren Innigkeit und mit welcher Lauterkeit der Liebe man Gott dienen müsse. Denn das Vornehmen solcher Männer ist, entweder, nach gelegtem Sturm zurückzukehren, oder, wofern ihnen das gewehret wird, es sei, weil das Unwetter noch dauert, vielleicht auch, auf daß kein neues, und noch ungestümeres sich erhebe, selbst denen zu nützen, deren Aufstand und Verwirrung sie Raum gaben; und ohne Absonderung einer Winkelschule, bis zum Tode zu verteidigen, und durch ihr Zeugnis zu bewähren, den Glauben, von dem sie wissen, daß die katholische Kirche ihn bekennt. Solche krönt im Verborgenen ‹der Vater, der ins Verborgene schaut› (Matth. 6, 18). Dieser Fall scheint selten, doch fehlen die Beispiele nicht, ja ihrer sind mehr, als man glauben sollte.» *De vera religione 6 [11]*

Die Anrufung des weltlichen Arms

(Die Theorie)

Es ist ohne Zweifel besser, wenn die Menschen sich durch Unterweisung zur Verehrung Gottes führen lassen, als wenn sie sich durch Furcht vor Strafe oder durch Schmerz dazu antreiben lassen. Man darf aber nicht, weil die erste Menschengruppe die bessere ist, die anderen vernachlässigen, die nicht von der gleichen Art sind. Denn die Erfahrung hat bewiesen und beweist noch immer: Es gereichte schon vielen zum Nutzen, wenn man sie zuerst unter Anwendung von Furcht und Schmerz unter einen gewissen Zwang stellte, damit sie einer späteren Belehrung zugänglich würden, oder das in die Tat umsetzten, was sie in der Lehre bereits kannten.

Man macht uns das Wort eines heidnischen Dichters zum Einwand: «Ich glaube, es ist besser, die Kinder durch Beschämung und Güte in Schranken zu halten als durch Furcht» (Terenz). Das ist natürlich wahr; aber wie es die besseren sind, die die Liebe leitet, so sind es die zahlreicheren, die die Furcht bessert. Denn — um auf jenen Einwand mit demselben Dichter zu antworten — man liest auch bei ihm: «Wenn du nicht unter dem Zwang der Züchtigung stehst, kannst du auch nicht richtig handeln.» Ferner sagt auch die Schrift, und zwar im Hinblick auf jene erste Gruppe: «Furcht ist nicht in der Liebe; sondern die vollkommene Liebe treibt die Furcht aus» (1. Joh. 4, 18). Von der andern Gruppe aber, zu der die Mehrzahl gehört, sagt sie: «Ein böser Knecht wird nicht durch Worte gebessert; denn auch wenn er es einsieht, gehorcht er nicht» (Spr. 29,19). Wenn die Schrift sagt, daß er «nicht durch Worte» gebessert wird, befiehlt sie nicht, ihn laufen zu lassen, sondern sie gibt eine indirekte Anweisung, wie man ihn bessern muß. Sonst würde sie ja nicht sagen: «Er wird nicht durch Worte gebessert», sondern einfach: «Er wird nicht gebessert.» Anderswo belehrt uns ja die Schrift, daß man nicht nur den bösen Knecht, sondern auch den zuchtlosen Sohn mit großem Erfolg durch Schläge züchtigen soll: «Du sollst ihn mit der Rute schlagen», heißt es da, «aber seine Seele sollst du vom Tode retten» (Spr. 23, 14), und anderswo: «Wer den Stock schont, haßt seinen Sohn» (Spr. 13, 24). Gib mir einen, der in unbeirrtem Glauben, mit unverfälschtem Verstand und mit allen Kräften seiner Seele spricht: «Es dürstet meine Seele nach dem lebendigen Gott; wann darf ich kommen und vor Gottes Angesicht erscheinen?» (Ps. 41, 3). Ein solcher Mensch braucht keine zeitlichen Strafen, keine kaiserlichen Gesetze, ja noch nicht einmal die Furcht vor der Hölle, weil ihm ja die Verbindung mit Gott ein so ersehnenswertes Gut ist, daß er nicht nur die Trennung von diesem Glück wie eine große Strafe fürchtet, sondern auch bereits seinen Aufschub als große Last empfindet. Anderseits aber müssen viele, bevor sie als gute Söhne sagen können: Wir verlangen «aufgelöst zu werden und mit Christus zu sein» (Phil. 1, 23), als schlechte Knechte und gleichsam als flüchtige Sklaven durch die Zuchtrute zeitlicher Strafen zu ihrem Herrn zurückgebracht werden ...

Warum also sollte die Kirche ihre verlorenen Kinder nicht zur Rückkehr zwingen dürfen, wenn diese verlorenen Söhne selbst andere zu ihrem Verderben zwingen? ...

Doch bevor jene Gesetze in Afrika veröffentlicht wurden, die zur Teilnahme am heiligen Gastmahl zwingen, meinten einige Mitbrüder, zu denen auch ich gehörte, man dürfe trotz der Donatistenrotte, die überall wütete, von den Kaisern kein Verbot der Irrlehre selbst erwirken, das mit einer Strafandrohung für die hartnäckigen Häretiker verbunden ist, sondern lediglich Maßnahmen, die vor ihrem gewalttätigen Wüten alle schützen sollten, welche die katholische Wahrheit in Wort oder Schrift vertraten ... Das heißt: Auf die Beschwerde der Katholiken, die solche Übergriffe ausgestanden hatten, sollten die Behörden dafür sorgen, daß den donatistischen Bischöfen und Diakonen die (vom Kaiser Theodosius festgesetzte) Geldstrafe auferlegt wird. Denn wir waren der Ansicht, daß auf diese Weise die Donatisten von solchen Gewalttaten abgeschreckt würden, und infolgedessen die katholische Wahrheit frei gelehrt und geübt werden könne: So würde niemand zu ihr gezwungen, sondern jeder könnte sie nach seinem Willen annehmen und ohne Furcht ausüben, und wir hätten keine falschen und keine Scheinkatholiken. Gegen unsere Ansicht standen einige ältere Mitbrüder ... Gleichwohl erreichten wir, daß der Antrag, von dem ich sprach, an die Kaiser ging.

Aber die Barmherzigkeit Gottes ... hat gewollt, daß unsere Vorstellungen ohne Wirkung blieben. Uns waren nämlich beim Kaiser sehr schwere Klagen von Bischöfen anderer Gegenden zuvorgekommen, die viel Böses von den Donatisten erlitten hatten und sogar von ihren Bischofsstühlen vertrieben worden waren ... Denn es war bereits ein Gesetz veröffentlicht, das der barbarischen und grausamen Sekte der Donatisten Einhalt gebieten und sie sogar ganz unterdrücken sollte, gegenüber der jede Schonung grausamer noch erschien als ihre eigene Grausamkeit. *Brief 185, 6 [21] — 7 [26]*

Die Anrufung des weltlichen Arms

(Die Praxis)

(An den kaiserlichen Kommissar Marcellinus, der mit der Unterdrückung der Donatisten beauftragt war:)

Ich habe erfahren, daß Eure Gnaden jene Circumcellionen und die Kleriker der Donatistenpartei, welche die Polizeiverwaltung gemäß der Größe ihrer Verbrechen von der örtlichen Gerichtsbarkeit von Hippo an Ihr Gericht überwiesen hat, vernommen haben, und daß die meisten von ihnen den Mord an dem katholischen Priester Restitutus eingestanden haben sowie die Körperverletzung an dem katholischen Priester Innocentius, dem sie ein Auge ausgestochen und einen Finger abgeschlagen hatten. Diese Angelegenheit beunruhigt mich sehr, weil ich fürchte, daß Eure Exzellenz diese Menschen nach der ganzen Strenge des Gesetzes bestrafen will, so daß sie dasselbe erleiden müssen, was sie andern zugefügt haben.

Daher berufe ich mich mit diesem Brief auf Ihren Glauben an Christus, und ich beschwöre Sie bei der Barmherzigkeit Christi, des Herrn, dies nicht zu tun und in keiner Weise zuzulassen. Denn wie sehr wir uns auch für unbeteiligt halten könnten am Tod dieser Menschen, über die jetzt verhandelt wird (nicht auf unsere Anklage, sondern auf Weisung der staatlichen Sicherheitspolizei), so wollen wir doch nicht, daß die Leiden der Diener Gottes nach dem Gesetz der Vergeltung mit denselben Strafen gerächt werden. Wir möchten gewiß nicht verhindern, daß man Verbrechern die Möglichkeit nimmt, neue Verbrechen zu begehen; aber wir wünschen, daß diese Menschen, lebend und unverstümmelt, durch eine gesetzliche Überwachung von ihrer unvernünftigen Schwärmerei zu einem vernünftigen, ruhigen Leben angeleitet oder von ihrer üblen Betriebsamkeit einer nützlichen Arbeit zugeführt werden. Gewiß, auch das ist noch eine Verurteilung; aber jeder sieht doch ein, daß einem Verfahren, bei dem man weder dem verbrecherischen Übermut Tür und Tor öffnet noch der heilsamen Buße den Zugang verschließt, eher die Bezeichnung einer Wohltat als die einer Strafe zukommt.

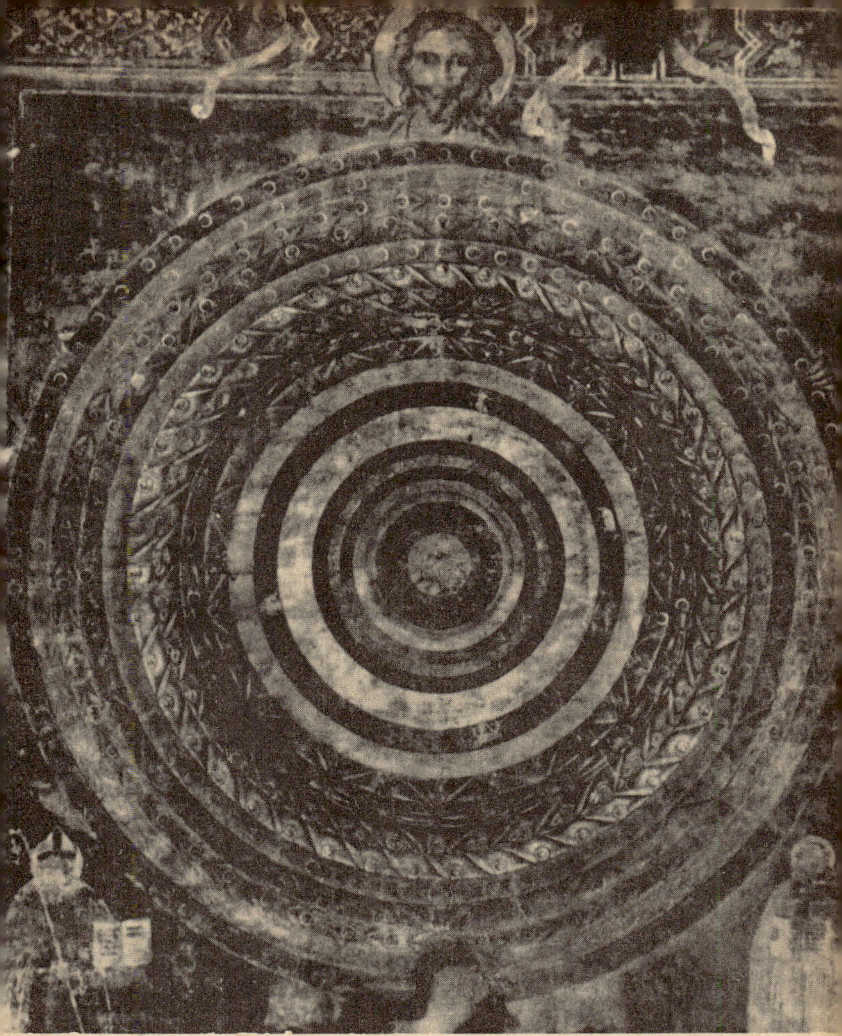

Das Weltensystem mit dem heiligen Augustinus (links) und dem heiligen Thomas (rechts), von Pietro di Puccio d'Orvieto (Campo Santo, Pisa)

Christlicher Richter, erfüllen Sie Ihre Pflicht als liebender Vater! Vergessen Sie nicht in Ihrem Zorn gegen das Verbrechen die Verpflichtung, menschlich zu bleiben; und verfallen Sie, während Sie die Grausamkeiten der Frevler bestrafen, nicht selbst der Leidenschaft der Rache! Richten Sie vielmehr Ihren ganzen Willen darauf, die Wunden der Sünder zu heilen und zu pflegen! Geben Sie jenen väterlichen Eifer nicht auf, den Sie in der Voruntersuchung bewahrt haben, bei der Sie das Geständnis so großer Verbrechen nicht durch Anwendung der Folter, eiserner Haken und des Feuers, sondern lediglich durch Rutenhiebe erzielt haben, also durch eine Form der Bestrafung, die von den Lehrern der freien Künste, ja selbst von den Eltern und oft sogar von den Bischöfen bei ihren Gerichtssitzungen angewendet wird. Strafen Sie also das Verbrechen nicht zu hart, das Sie recht milde zu ermitteln wußten. Denn es ist wichtiger und notwendiger, die Verbrechen aufzudecken als sie zu bestrafen . . .

Vergessen Sie schließlich nicht Ihre Sendung zum Heil der Kirche. Ja, ich betone es noch einmal, meine Bitte geschieht im Interesse der katholischen Kirche, oder vielmehr — damit ich meine Zuständigkeit nicht überschreite — im Interesse der Kirche in der Diözese Hippo Regius. Wenn Sie nicht auf die Bitten des Freundes hören wollen, dann hören Sie wenigstens auf den Rat des Bischofs. Ich möchte nicht deshalb anmaßend sprechen, weil ich mich an einen Christen wende, vor allem in einer derartigen Sache: aber es ziemt sich, daß Sie der Aufforderung Ihres Bischofs Folge leisten, erlauchter, hochverdienter Herr und vielgeliebter Sohn . . . Nehmen Sie dem Leiden der Diener Gottes aus der katholischen Kirche, das den Schwachen zur geistlichen Erbauung dienen muß, nicht seinen Glanz, indem Sie ihre Feinde und Peiniger zur gleichen Strafe verurteilen. Sondern mildern Sie die Strenge Ihres Gerichtes und vergessen Sie als Sohn der Kirche nicht, Ihren eigenen Glauben und die Milde Ihrer Mutter unter Beweis zu stellen.

Der allmächtige Gott segne Sie mit allen Gütern, erlauchter, hochverdienter Herr und vielgeliebter Sohn! *Brief 133, 1–3*

Drei Verse

Vom heiligen Augustinus sind drei Verse überliefert, die er in seinen *Gottesstaat* aufgenommen hat (XV, 22), drei Verse eines Gedichtes zum *Lob der Kerze* (der Osterkerze; ohne Zweifel ein Gegenstück zum *Exultet* der römischen Liturgie, das, man weiß nicht von wem — St. Ambrosius? — in der gleichen Zeit, in der unser Heiliger lebte, geschrieben wurde). Es sind drei sehr schöne Verse von einer Dichte, die den Übersetzer dazu zwingen, zu paraphrasieren, und in denen sich der ganze antimanichäische Optimismus und die ganze anti-pelagianische Strenge zusammendrängen:

«Haec tua sunt; bona sunt quia tu bonus ista creasti.
Nil nostrum est in eis, nisi quod peccamus amantes,
Ordine neglecto, pro te, quod conditur abs te.»

«Dein ist dieses und gut, weil Du es, Guter, erschaffen.
Unser Anteil daran ist nur, daß wir sündigen liebend,
Mit Verkehrung der Ordnung, was Du geschaffen, statt Deiner.»

Es wäre leicht, sie mit vielen anderen Stellen aus seinem Werk zu kommentieren, etwa aus den *Bekenntnissen.* So für Vers 1, wo er von der Milch seiner Ammen spricht:

«... Denn nur aus eingepflanzter Zuneigung heraus wollten sie von dem Überflusse, den sie durch dich hatten, mir geben. Zum Gute nämlich wurde ihnen, was mir von ihnen zugute kam, in Wirklichkeit aber nicht von ihnen stammte, sondern nur durch sie mir gereicht wurde. Stammt doch von Dir alles Gute, mein Gott, und von meinem Gotte all mein Heil. Später erst habe ich diese Wahrheit erfahren, als Du sie mir zuriefst durch all die Gnaden, die Du Leib und Seele erweisest.»

Dem 2. Vers, dessen Pessimismus mit Recht übertrieben erscheinen kann, kann man eine positivere Interpretation gegenüberstellen:

«Was ist doch nicht alles an so einem Lebewesen wunderbar und preiswürdig? Aber das alles sind Geschenke meines Gottes, nicht ich habe sie mir gegeben: ewige Güter sind es, die mein Ich ausmachen.»

Die Lehre aus Vers 3 über die Liebe kehrt sehr häufig wieder:

«Dies alles und ähnliches gibt aber Veranlassung zur Sünde, wenn man in ungeordneter Zuneigung zu ihnen, die doch nur niedere Güter sind, die besseren und höheren, Dich, o Herr, mein Gott, Deine Wahrheit und Dein Gesetz preisgibt. Zwar gewähren auch jene niederen Güter Freude, doch nicht so große wie Du, mein Gott, der alles geschaffen...» *Bekenntnisse, 1, 6, [7]; 20 [31]; 11, 5 [10]*

Und selbst bis in die Sünde...

Paul Claudel hat über seinen *Seidenen Schuh* das Motto «Etiam Peccata — St. Augustin» gesetzt. Der Gedanke stammt in der Tat von Augustinus, der ihn mehrfach ausgedrückt hat:

«In diese schöne Gesamtwelt ist auch das, was böse heißt, wohl eingeordnet und steht am rechten Platze; und gerade dadurch hebt es das Gute erst recht hervor, so daß dieses nun durch den Vergleich mit dem Bösen in noch höherem Maße gefällt und noch preiswürdiger ist. Denn wie auch die Ungläubigen zugeben müssen, könnte der allmächtige Gott, der die höchste Macht über die Dinge besitzt, in seiner unendlichen Güte (Sündelosigkeit) unmöglich irgend etwas Böses an seinen Werken dulden, wenn er nicht bis zu dem Grade allmächtig und gut wäre, daß er auch aus dem Bösen Gutes schaffen könnte.» *Enchiridion, 3. [11]*

Denen, die Gott in dieser Weise lieben, läßt er alles zum Guten gereichen, und zwar so sehr alles, daß er auch ihren Irrweg und ihre Übertretung zum Guten wendet, weil sie in größerer Demut und mit größerer Erfahrung daraus hervorgehen. Denn sie lernen ja so, daß sie sich auf dem Weg der Gerechtigkeit nur mit Zittern freuen dürfen und nicht in anmaßendem Selbstvertrauen, als könnten sie aus

Die Legende vom Engel, von Giustino Menescardi (Venedig)

Die gleiche Szene, von Benozzo Gozzoli (Kirche St. Agostino in San Gimignano)

eigener Kraft auf diesem Wege bleiben, oder in der Meinung, die in ihrem Überfluß begründet scheint: «Wir werden in Ewigkeit nicht zuschanden» (Ps. 29, 7). Deswegen sagt ihnen ja auch der Prophet: «Dienet dem Herrn in Furcht und freuet euch vor ihm mit Zittern, damit ihr den Herrn nicht erzürnt und damit ihr den Weg der Gerechtigkeit nicht verfehlt» *De correptione et gratia 9 [24]*

Was nun jene Worte *etiam peccata* anlangt, die Claudel zitiert hat, um diesen Gedanken zu umreißen, so kommen sie tatsächlich beim heiligen Augustinus vor; sie stehen jedoch an einer Stelle, die einen Einwand widergibt, den man ihm entgegenhält und den er zurückweist:

«Man erwidert mir: wenn unser Elend zur Vollständigkeit des Universums erforderlich war, würde, falls wir selige Wesen geblieben wären, das Universum nicht vollkommen geworden sein. Demnach waren unsere Sünden (etiam peccata nostra), obwohl durch sie einzig die Seele unselig werden kann, zur Vollkommenheit eines Weltalls, welches Gott geschaffen hat, notwendig; ... (Allein wie kann die Strafe der Sünden gerecht sein, wenn ohne Sünden die Geschöpfe Gottes weder vollständig noch vollkommen sein würden?)

Auf eine solche Einwendung ist zu antworten: weder die Sünden, noch die daraus entspringende Unseligkeit ist zur Vollkommenheit des Weltalls notwendig, wohl aber sind Seelen, als solche, notwendig ...» *De libero arbitrio, III, 9 [26]*

Aber Claudel ist nicht der erste, der diese Worte aus ihrem Zusammenhang gerissen hat. Er folgte lediglich einer Tradition des Mittelalters, die mindestens seit Beginn des 12. Jahrhunderts verbürgt ist. *Honorius Augustodunensis, Elucidarium II, 29*

Die Legende vom Engel: Glaube und Vernunft.

Eine legendäre Episode ist von den Malern der Renaissance mit Vorliebe wiedergegeben worden – sie ist für die Ikonographie des heiligen Augustinus besonders charakteristisch.

Der heilige Augustinus geht am Meer spazieren und begegnet einem Kinde, das damit beschäftigt ist, vermittels einer Muschel Wasser aus dem Meer in ein in den Sand gehöhltes Loch zu gießen. Augustin verwundert sich über dieses vergebliche Beginnen, und das Kind, das sich als Engel offenbart, antwortet ihm: «Es wäre für mich leichter, das Meer in dieses Loch zu gießen, als für dich, auch nur den kleinsten Teil des Dreifaltigkeits-Mysteriums zu erklären.»

Es handelt sich, wohlgemerkt, nur um eine Legende, deren Schicksal sich vom 13. bis zum 15. Jahrhundert verfolgen läßt: man hat sie zuerst einem anonymen «Scholastikus» zugeschrieben (das Wasser, das es zu schöpfen gilt, ist hier Seine-Wasser), dann dem heiligen Augustinus, dann Lanfranc (dem Lehrer des heiligen Anselm, 1089 gestorben) und später Alain de Lille (1203 gestorben).

Zu Augustinus paßt diese Legende ganz besonders schlecht: ihr Inhalt steht in krassem Gegensatz zu dem Geist, der die theologische Forschung des heiligen Augustinus und im besonderen sein *De Trinitate* beseelte. Einem Briefschreiber, der die rationale Anstrengung der Untersuchung zu verdächtigen oder zu verkennen schien, und der ihn eben gerade über dieses Mysterium der Dreifaltigkeit befragte, hat unser Kirchenlehrer geantwortet:

«. . . denn in demselben Brief, in dem du dieses Verlangen stellst, sagst du, daß man die Wahrheit mehr durch den Glauben als durch die Vernunft erfassen könne. ‹Wenn nämlich›, so sagst du wörtlich, ‹der Glaube der heiligen Kirche durch Vernunfterörterung, nicht durch frommes Glauben, gewonnen würde, so würden nur die Philosophen und Gelehrten die Glückseligkeit besitzen›[7]. Da es aber Gott, der das Schwache dieser Welt erkoren hat, um das Starke dieser Welt zu beschämen, gefiel, durch die Torheit der Verkündigung die Glaubenden zu retten (1. Kor. 1, 27, 21), so hat man weniger nach Vernunftgründen zu fragen, als vielmehr das Ansehen der Heiligen sich zur Richtschnur zu nehmen! Wenn ich auch den Versuch unternehmen wollte, dich in das Verständnis dieses erhabenen Geheimnisses auf irgendeine Weise einzuführen — das kann ich aber nur durch Gottes innere Erleuchtung —, so tue ich mit meiner Erörterung nichts anderes, als daß ich, so gut ich es vermag, Rechenschaft von meinem Glauben abzulegen suche. Wenn es nun von dir nicht wider die Vernunft gesagt ist, eine solche Rechenschaft von mir oder irgendeinem Lehrer zu fordern, um zu verstehen, was du glaubst, so verbessere deine Erklärung, nicht um den Glauben zu verwerfen, sondern um das, was du schon mit der Gewißheit des Glaubens festhältst, auch im Lichte der Vernunft zu erkennen.

Denn es ist ausgeschlossen, daß Gott in uns den Vorzug hasse, den er bei der Schöpfung uns vor den Tieren gegeben hat. Ich wiederhole: es ist ausgeschlossen, daß unser Glaube den Verzicht auf vernunftgemäße Erklärung oder vernunftgemäßes Forschen fordert; denn wir könnten auch nicht glauben, wenn wir nicht vernunftbegabte Seelen hätten. Wenn also bei einigen geoffenbarten Heilswahrheiten, die wir mit der Vernunft noch nicht zu erfassen vermögen, einstens aber erfassen werden, der Glaube der Vernunft vorausgeht, damit das Herz geläutert und für das Licht der höheren Vernunft empfänglich und fähig werde, so entspricht auch dies durchaus der Vernunft. Deshalb sagt auch der Prophet im Einklange mit der Vernunft: ‹Wenn ihr nicht glaubet, so werdet ihr nicht einsehen› (Jes. 7, 9). An dieser Stelle ist offenbar zwischen beiden Ausdrücken unterschieden; es wird der Rat gegeben, zuerst zu glauben, um dann das Geglaubte auch verstehen zu können. Es erscheint also als ein Gebot der Vernunft, daß der Glaube der Vernunft vorausgeht. Wäre dieses Gebot nicht vernünftig, so wäre es ja unvernünftig, was unmöglich ist. Wenn es also ein Vernunftgebot ist, daß bei gewissen erhabenen Dingen, die wir noch nicht begreifen können, der Glaube der Vernunft vorausgeht, so geht auch ohne Zweifel das bißchen Vernunft, das uns dies lehrt, dem Glauben voraus.»

Brief 120, 1 [2—3]

Nähere Hinweise auf die Ausgaben, denen die hier zitierten Texte zugrunde liegen, sind hinter der Bibliographie (Seite 166) zu finden.

DER AUGUSTINISMUS

Sechzehn Jahrhunderte trennen uns vom heiligen Augustinus. Trennen sie uns? Sagen wir es besser: sie verbinden uns mit ihm, denn diese lange Zeit ist kein leerer Raum. Sie ist ganz von der Gegenwart Augustins, von seinem Glanz und von seinem Einfluß durchdrungen. Wenn sein Name sich mit soviel Nachdruck unserer Aufmerksamkeit einprägt, dann geschieht das einmal seiner eigenen Person wegen, und zum anderen um all dessen willen, worauf sich die Tradition der abendländischen Kultur im Laufe dieser sechzehn Jahrhunderte in seinem Namen berufen hat.

Das Ende der Antike

Wir haben gesehen, welche Ausstrahlung Werk und Denken des Bischofs von Hippo schon zu seinen Lebzeiten besaßen. Auch die kleinsten seiner Werke riß man sich gegenseitig aus den Händen. Es kam sogar vor, daß die Öffentlichkeit mit Hilfe der nachsichtigen Duldung des Klerus aus Augustins nächster Umgebung mit Texten von ihm in Berührung kam, ehe er es für gut befunden hatte, diese zu «verlegen» (d. h. sie in Umlauf zu bringen) [1*]. Die Indiskretion der Boten ermöglichte es, daß einige seiner Briefe unterwegs abgefangen, kopiert und von Neugierigen oder Liebhabern verbreitet wurden. So erfuhr z. B. der heilige Hieronymus eines Tages, daß in Italien ein Brief Aufsehen erregte, der recht kühl gehalten war und den der heilige Augustinus an ihn gerichtet hatte, der aber nicht angekommen war [2]! Eine Gruppe von Freunden und begeisterten Schülern setzte sich aktiv dafür ein, Augustins Einflußbereich zu vergrößern; einige von ihnen, und nicht die Lauesten, kannten ihn nur aus seinen Büchern und waren in seinem Bann, ohne ihm jemals begegnet zu sein. So erging es, wie berichtet, dem heiligen Paulinus von Nola in Kampanien, und so verhielt es sich auch mit Prosper von Aquitanien, der um 427/428 in Marseille auftaucht, — er ließ sich später in Rom nieder, wo er der Sekretär des heiligen Papstes Leo wurde — und der sich ohne Vorbehalt mit der ganzen Erfindungsgabe und unermüdlichen Aktivität eines «Presseagenten» in den pelagianischen Streit stürzt.

Für all diese ist Augustin der Meister [3], der leidenschaftlich bewundert und gehört wird, dem man nachfolgt und zu dem man nur in glühenden Worten spricht: O vere artificiosa apis Dei ... «O Biene Gottes, wahrhaft geschickt, einen Honig voll göttlichen Nektars zu fertigen, aus dem Barmherzigkeit und Wahrheit fließen ... Der Herr wird durch deinen Mund und durch deinen treuen Dienst gesegnet. Du machst dich so gut zum Echo dessen, was der Herr dir

* Die Nachweise finden sich am Ende dieses Kapitels (Seite 156).

singt, und du antwortest so gut darauf, daß alles, was von seiner Fülle ausgeht, um bis zu uns zu dringen, lieblicher wird, wenn es durch deine schöne Sprache, deine beflügelte Klarheit, deinen treuen, keuschen und einfachen Dienst geht . . .[4]»

Aber der heilige Augustin hatte nicht nur Freunde. In dem Maße, in dem er unter den Attacken des Julian von Eclanum seine Stellung in den schwierigen Fragen der Prädestination und der Gnade genau festlegen und erhärten muß, erweckt er in einem Teil der Öffentlichkeit eine immer entschlossenere Opposition. Das tritt besonders in der Provence zutage — selbst dort, wo sich der manchmal schon aufdringliche Eifer Prospers tummelt — im Klostermilieu von Lérins und Marseille. Dort herrscht der souveräne Einfluß von Johannes Cassianus, der an seinem Lebensabend hierher gekommen war, um

Sarkophag des heiligen Cassianus, 15. Jahrhundert (Museum Borely, Marseille)

den Mönchen des Abendlandes die Weisheit zu bringen, die er bei den großen Geistern Palästinas, Ägyptens und Konstantinopels erfahren hatte. Als geschickter Sachverständiger des Interviews verfaßte Cassianus sofort nach Erscheinen der augustinischen Abhandlung *De correptione et gratia* seine 13. *Konferenz mit den Vätern der Wüste*, in der er seine Gedanken zu dieser Frage in den Mund des Abts Germanos von Panephysis legt, den er einige vierzig Jahre vorher im Nildelta besucht hatte!

Auch die Antwort bleibt nicht ohne Leidenschaft und einige polemische Übertreibungen. Als Augustin 430 stirbt, ist die Schlacht in vollem Gange. Daß die Augustiner sich nicht geschlagen gaben, versteht sich von selbst: Prosper zieht in Vers und Prosa gegen den «Konferenzler» und die Undankbaren, die *in-grati* (undankbar gegen Gott, weil sie die Gnade negieren), zu Felde. Wie immer in solchen Fällen, zerbricht sich jeder den Kopf, wie er den Gegner der Häresie überführen kann. Es genügte, die sprödesten der augustinischen Formeln etwas zu übertreiben, um den gräßlichen und dreisten Irrtum der «Prädestinationisten» zu definieren: den Glauben, daß Gott Menschen verwirft, die nur Gutes getan haben, und sie zum Bösen zwingt, damit er sie für die Ewigkeit in die Hölle schicken kann[5].

Noch leichter war es, im Denken von Cassianus den beunruhigenden Keim einer möglichen Rückkehr zum schlimmsten Pelagianismus zu entdecken: wenn der Mensch von sich aus und durch die eigenen Kräfte seines freien Willens die Initiative ergreift und das Verdienst hat, den ersten Schritt, *initium fidei*, zu tun, der ihn zu Gott führt, da die Gnade dann von selbst folgt, dann heißt das letzten Endes nicht Gott, sondern uns selbst die Rettung verdanken. Dieser Punkt bildete die Häresie, die die Moderne «Semi-Pelagianismus» nennt. Der Ausdruck ist recht unglücklich gewählt, denn dieser Standpunkt hatte mit Pelagius ursprünglich gar nichts zu tun. Er ist aus einer spontanen Reaktion auf die Übertreibungen des Augustinismus entstanden, und seine Wurzel muß in der traditionellen Lehre der griechischen Kirchenväter gesucht werden, die Cassianus in manchmal ungeschickter Weise auf eine abendländische Problematik übertrug, für die sie nicht vorgesehen war.

Der Streit gab dem Papst Coelestin Anlaß, eine feierliche Lobrede

Stiftungsinschrift des Papstes Coelestin I., Mosaik aus dem 5. Jahrhundert (Kirche Santa Sabina, Rom)

auf Augustin zu halten, nachdem dieser kaum neun Monate tot war. Es war die erste der vielen Ehrungen, die sich im Laufe der Jahrhunderte staffelten: «Das Leben und die Verdienste Augustins, heiligen Angedenkens, haben ihn immer in unserer Gemeinschaft gehalten, ohne daß auch nur jemals ein Schatten von Verdacht ihn gestreift hätte. Wir erinnern uns seiner als eines Menschen von so großem Wissen, daß er von meinen Vorgängern immer zu den größten Meistern gezählt wurde», *inter magistros optimos* [6].

Diese Parteinahme sollte jedoch nicht genügen, der Kontroverse ein Ende zu setzen, die sich über ein ganzes Jahrhundert zog. Sie

Elfenbeinerne Gürtelschnalle des heiligen Caesarius, Bischofs von Arles, erste Hälfte des 6. Jahrhunderts (Schatz der Kirche de la Maior, Arles)

findet ihre Entscheidung erst 529 auf dem zweiten Konzil zu Orange, wo dank der Bemühungen des heiligen Caesarius von Arles der «Semi-Pelagianismus» endgültig verurteilt wurde. Die auf diesem Konzil festgelegte Position, – die die katholische Orthodoxie niemals aufgegeben hat – wurde als «gemäßigter Augustinismus» definiert. Man will damit zum Ausdruck bringen, daß sie nur mit Einschränkungen die zugleich logischen und unerbittlichen Schlußfolgerungen übernimmt, zu denen Augustin selbst gelangt war. Es war also nicht vergeblich gewesen, daß die Anhänger einer wahrhaftigeren Auffassung von der Güte Gottes und Seines Willens, alle Menschen zu retten, gerungen hatten (so ungeschickt ihre Bemühungen auch zuweilen gewesen sein mochten).

Ebenso würde man sich ein falsches Bild von den Lerinern und Marseillern machen, wollte man sie sich als erklärte Gegner des ganzen Augustin vorstellen. Sie sahen in ihm durchaus nicht nur den Theoretiker der Gnadenwahl und schätzten sein Gesamtwerk [7]. Auch wäre es ein schwerer Irrtum, (und diese Bemerkung gilt auch für alle späteren Epochen des Augustinismus), den augustinischen Einfluß einzig auf das Fachgebiet der Gnadentheologie und der Lehre von der Rechtfertigung zu beschränken. Die Geschichte findet ihn in den verschiedensten Gebieten des religiösen Denkens, der religiösen Bildung und des religiösen Lebens stets gegenwärtig. Man kann sich nur schwer vorstellen, wie sehr das Beispiel und die Lehre des heiligen Augustin die lateinische Tradition geformt haben. Mit noch mehr Berechtigung als Vergil verdient er den Titel «Vater des Abendlandes».

Die Orientalen täuschen sich hierüber nicht: wie oft hören wir, daß uns orthodoxe Russen oder Griechen im Gespräch entgegenhalten: «Ja, euer Augustin ...». Und es ist wahr, jedesmal, wenn man der Geschichte einer Lehrmeinung nachgeht (sei sie nun philosophisch, theologisch oder geistlich), begegnet man fast immer an einem entscheidenden Punkt dem ursprünglichen Einfluß Augustins. Er spielt in unserm Abendland die Rolle, die im Orient am häufigsten dem großen Origenes zugesprochen wird. Niemand hat mehr Ideen in Umlauf gebracht als diese beiden.

Diese erstaunliche Tatsache läßt sich nicht nur aus dem eigentlichen Wert des augustinischen Werkes erklären. Wir müssen auch der eigentümlich paradoxen Stellung dieses Werkes in der Geschichte Rechnung tragen. Der seit Isidor von Sevilla traditionelle Vergleich mit Origenes ist in Wirklichkeit irreführend, denn die Entwicklung der beiden großen patristischen Traditionen, der griechischen und der lateinischen, verlief nicht parallel. Wir dürfen nicht vergessen, daß das Christentum im Orient geboren ist. Lange Zeit blieb es unter hellenistischer Vormundschaft. Im Vergleich zu der frühreifen und schon bald so komplexen Entwicklung des christlich-griechischen Denkens ist sich das Abendland nur langsam seiner selbst bewußt und mündig geworden.

Gewiß, schon bald zeichnet sich in den lateinischen Ländern eine

Die Dreifaltigkeitskapelle der Abtei von Lérins, 6. Jahrhundert

eigene Art ab, den christlichen Glauben denkend zu durchdringen, zu fühlen und zu leben. Von Tertullian bis zu Marius Victorinus (dem Vorläufer des heiligen Augustin auf dem Gebiete der Dreifaltigkeit) fehlt es nicht an originalen Persönlichkeiten; aber der Bischof von Hippo mußte kommen, um eine wirklich vollständige und autonome abendländische Theologie zu formen. So wichtig auch der persönliche Beitrag des einen oder anderen sein mag, andere Namen verblassen neben seinem. Treffend hat das die Legende auf dem Fresko im Lateran aus der ersten Hälfte des 6. Jahrhunderts, dem Beginn der Heiligendarstellungen, festgehalten: «Diversi diversa Patres, sed hic omnia dixit Romano eloquio, mystica sensa tonans!» (Verschiedene Väter haben Verschiedenes ausgesagt, aber er allein hat alles in römischer Beredsamkeit ausgedrückt, den Geist der Mysterien mit donnernder Stimme verkündend.)

Gewiß, die Kirchentradition war niemals damit einverstanden, sich nur auf ihn zu beziehen; sie hat aus der Reihe der Kirchenväter allmählich die Gruppe der vier *maiores doctores* herausgelöst, in der Augustinus seinen beiden großen Zeitgenossen Ambrosius und Hieronymus und seinem Erben, dem heiligen Papst Gregor dem Großen (590—604), beigestellt wird; aber es bleibt bemerkenswert, daß eines der ältesten Zeugnisse für diese Auswahl dennoch Augustin den Ehrenplatz gibt. Das ist noch nicht alles: wenn man aufs Äußerste schematisieren will, dann könnte man sagen, daß er gleichzeitig der erste und der letzte der großen Kirchenlehrer der lateinischen Antike ist. Im Orient wird die patristische Tradition lückenlos durch die ganze byzantinische Epoche über tausend Jahre hinweg weitergeführt; die Zerstörung des weströmischen Reiches jedoch stürzte das Abendland in Finsternis und Barbarei, aus der das neue Europa des Mittelalters erst allmählich emporwuchs.

Gleich nach Augustins Tod bricht die Dekadenz herein. Wie sollte man darüber erstaunt sein, daß man von da an – abgesehen von Gregor dem Großen – keiner Persönlichkeit ersten Ranges mehr begegnet? Aber selbst dieser Sachverhalt hängt mit der Intensität seines Einflusses zusammen: solange sich im Abendland noch etwas von der antiken Tradition hält, kreisen die Gedanken in der augustinischen Bahn.

In Afrika, wo der Katholizismus einen harten Verteidigungskampf gegen den Arianismus der eindringenden Vandalen führen muß, erhielt Fulgentius von Ruspe, die bemerkenswerteste Gestalt dieser Epoche, den charakteristischen Beinamen «Augustinus abbreviatus». Ebenso stark ist der augustinische Einfluß in Spanien: Isidor von Sevilla stellt den heiligen Augustin über alle griechischen und lateinischen Kirchenväter[8]. Oder in Gallien: das ganze theologische und seelsorgerische Werk des heiligen Caesarius von Arles tritt uns als Abglanz und Nachschöpfung des augustinischen Werkes entgegen. Oder in Italien: bei der ersten Lektüre des doch so eigenständigen Werkes des heiligen Gregor (das Mittelalter sieht in ihm den Meister der mystischen Theologie) hat man den Eindruck eines popularisierten, elementaren Augustinismus. Der heilige Gregor selbst, der einen seiner afrikanischen Korrespondenten auf die Lektüre des heiligen Augustin verweist, schreibt: «Hüte dich, unsere Kleie diesem reinen Weizen vorzuziehen.[9]»

Die Latinität verbreitete sich damals über alle Donauländer bis zu den Ufern des Schwarzen Meeres. Unter der Herrschaft des Kaisers Justinus sieht man eine Gruppe «skythischer» Mönche in die theologischen Streitigkeiten der byzantinischen Hauptstadt eingreifen. Es waren Rumänen aus der Dobrudscha, die sich in Konstantinopel recht in der Fremde fühlten. Als reine Lateiner hatten sie ihre theologische Bildung vom heiligen Augustin bezogen (518–520).

Inschrift auf dem Fresko im Lateran, das den heiligen Augustinus darstellt

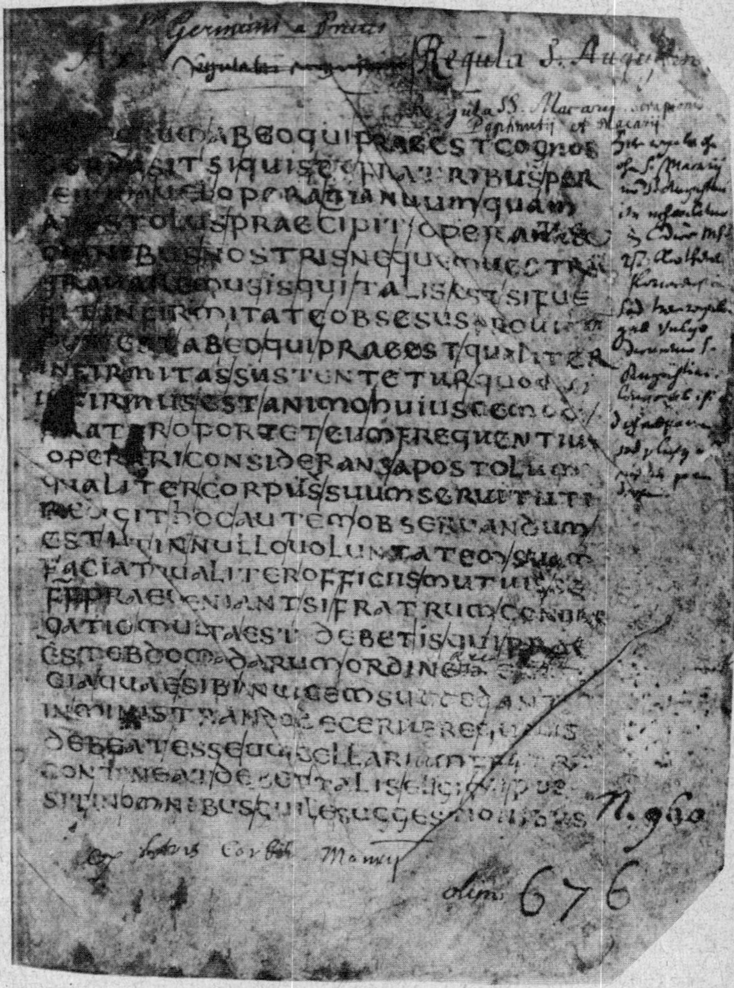

Das älteste Manuskript der «Regula Santi Augustini» (Bibliothèque Nationale, Paris)

Der theologische und doktrinale Einfluß Augustins erstreckt sich auch auf die Spiritualität, vor allem auf die Entwicklung des abendländischen Mönchswesens. Es scheint uns, daß man diese so komplexe Entwicklung während der dunklen Jahrhunderte aus dem Zusammentreffen zweier Strömungen herleiten kann. Die eine kam aus Ägypten von den Wüstenvätern (deren größter, aber nicht einziger Interpret Cassianus war), die andere aus dem westlichen Nordafrika. Letztere ist die augustinische Strömung, die namentlich in dem berühmten Text der sogenannten augustinischen Ordensregel ihren Niederschlag gefunden hat, die (wir berühren hier eine sehr umstrittene Frage) nicht von der Hand des großen Bischofs zu stammen scheint, aber sicher aus seinem Kreis hervorgegangen ist und das Ideal ausdrückt, das er selbst zu leben versucht hat.

Das frühe Mittelalter

Als das Abendland in der karolingischen Renaissance wieder zu sich kam und daran ging, mit den ziemlich beschränkten Mitteln, die die große Katastrophe übrig gelassen hatte, wieder eine christliche Kultur aufzubauen, da war es ganz natürlich, daß der heilige Augustinus aufs neue zum Berater und Anreger wurde. Mehr als je zuvor wird er zum unbestrittenen Meister. Seine Stellung ist so hoch, daß er unmittelbar nach den Aposteln kommt, *post Apostolos omnium ecclesiarum magister*[10]. Alles, oder fast alles leitet man von ihm her. Diese Tatsache ist so augenscheinlich, daß dem Historiker vor allem daran liegt, diese Feststellung durch eine Einschränkung zu präzisieren. Er muß daran erinnern, daß das hohe Mittelalter neben Augustin (und den anderen lateinischen Klassikern oder Kirchenvätern) auch aus griechischen Quellen Anregungen empfängt, – namentlich von Boëthius, dem einzigen Abendländer, der seit der Blüte des römischen Kaiserreiches eine hellenistische Bildung empfangen hat (er hat seine Studien auf der Schule von Alexandrien betrieben), und von Pseudo-Dionysius Areopagita, den man so oft mit dem heiligen Märtyrer Dionysius verwechselt. Die National-Bibliothek in Paris bewahrt noch das Exemplar des Pseudo-Dionysius auf, das Kaiser Michael der Stammler 827 Ludwig dem Frommen schenkte: ein Luxusband, herrlich in Elfenbein gebunden, aber ohne Sorgfalt geschrieben. Die Byzantiner waren wohl der Meinung, daß die Franken ohnehin zu barbarisch seien, um von diesem esoterischen Text etwas zu verstehen.

Daß auch der heilige Augustin nicht immer leicht zu assimilieren war, zeigt die dramatische Episode mit Gottschalk. Gottschalk, der Sohn eines von Karl dem Großen bekehrten sächsischen Grafen, war von Kindheit an – erst gegen seinen Willen, dann aus vollem Herzen – Mönch (zunächst in Fulda, später in Orbais). Er hatte eine glühende, unruhige Seele und bewies in theologischen Streitigkeiten das kämpferische Temperament seiner Ahnen. Er verkörpert den Typ jener neuen Gebildeten, die die Möglichkeiten des Geistes wiederentdecken und den reinen Wein des Denkens in langen Zügen trinken. Wie alle las auch Gottschalk den heiligen Augustinus; das Unglück wollte, daß er nicht von den am leichtesten faßlichen und gültigsten Seiten angezogen wurde – auf denen dieser große Geist sich so schlicht ausdrückt, daß er selbst Kindern zugänglich ist, wie Cassiodorus fein hervorgehoben hat[11] –, sondern von den unentwirrbaren anti-pelagianischen Partien dieses Werkes. Wie sollte der Sachse das schwierigste Problem unserer Theologie ergründen, bei dem selbst der erfahrene große Kirchenlehrer ins Schwanken geraten war? Maß und Sinn für die Nuance kann man von ihm nicht erwarten: sein ganzer Geist stürzt sich mit Entzücken auf die anfechtbarsten und starrsten antithetischen Formulierungen, zu denen Augustin sich hatte hinreißen lassen. Glücklich über die Symmetrie und unbekümmert um die Gotteslästerung, macht er sich daran, die Theorie einer doppelten positiven Prädestination zu lehren: die der zur Seligkeit Erwählten und die der zur Hölle Verdammten (ja: Gott schuf die Menschen aus dem Vergnügen, sie zu verdammen!). Diesmal hatte man es mit einem echten Prädestinationisten zu tun! Es wurde eine ganz große Affäre daraus — ein wahres Vorspiel des Jansenismus —, die die theologischen Kreise des karolingischen Kaiserreichs sehr erregte. Der gelehrte Hrabanus Maurus und der schreckliche Hinkmar von Reims veranlaßten, daß Gottschalk verurteilt und mit der Strenge jener Zeit, die mehr als halbbarbarisch war, behandelt wurde. Er mußte zwanzig Jahre im Gefängnis des Klosters von Hautvillers (nahe bei Epernay) zubringen, hörte aber nicht auf, die Öffentlichkeit in Atem zu halten; er ließ sich abwechselnd von dem genialen, aber sehr zuverlässigen Johannes Scotus Eriugena oder von den vorsichtigeren Theologen aus Lyon verteidigen, blieb aber Gefangener und unnachgiebig. Er starb, ohne sich bekehrt zu haben, zwischen 866 und 870.

Erfreulicherweise gab es auch noch ein anderes Mittelalter. Bis zum Beginn des 13. Jahrhunderts herrscht der augustinische Einfluß unbestritten auf allen geistigen Gebieten. Er inspiriert zur Zeit Alkuins und Karls des Großen die ersten Theoretiker der christlichen Kultur und später in der Mitte des 12. Jahrhunderts den großartigen, vom Platonismus durchdrungenen Humanismus der Schule von Chartres. Gut oder schlecht verstanden, liefert der *Gottesstaat* den Erbauern der neuen politischen und sozialen Kultur des christlichen Europa die Form des Denkens, ebenso wie er auch die Polemik bestimmt, die der ewig neue Konflikt zwischen den beiden Schwertern der weltlichen und der geistlichen Macht entstehen läßt. (Wie haben sich die Probleme geändert! Nicht ohne Verdrehungen wurden ihnen die augustinischen Lösungen angepaßt.)

Als die theologische Wißbegier in der Mitte des 11. Jahrhunderts wieder erwacht und nach der dialektischen Methode greift, da wendet man sich abermals an den heiligen Augustinus, um nach seinen Prinzipien und mit seinem Material diese neue Wissenschaft aufzubauen. Er inspiriert übrigens die ersten großen Kirchengelehrten von Anselm von Canterbury bis zu Abälard genauso wie ihre Gegner, vom heiligen Petrus Damiani bis zu Bernhard von Clairvaux. Denn die nun aufkommende Scholastik sollte niemals für das ganze Mittelalter bestimmend sein, das stets gerade in den geistlichen Kreisen eine heftige Opposition gegen dieses Eindringen der disputierenden Vernunft in den Bereich des Glaubens und gegen die

Der heilige Augustin verkündet die Ordensregeln. Manuskript des 12. Jahrhunderts. Straßburg

Entwicklung eines von Neugier genährten Studiums empfunden hat. Wer konnte besser als Augustin derartigen Vorbehalten Nahrung geben?

Wenn sich auch schließlich das abendländische Mönchswesen zwischen Benediktus von Aniane und dem heiligen Bernhard zu der benediktinischen Ordensregel hin entwickelt hat, so verliert doch die augustinische Strömung weder an Autonomie noch an Vitalität. Parallel zu den Benediktinerklöstern entwickeln sich die Gemeinschaften der Regularkanoniker, und diese unterwerfen ihr Leben, vor allem seit der gregorianischen Reform, die die Armut betont, der Ordensregel und der ganzen Lehre des heiligen Augustinus. Zahlreich sind die Gemeinschaften, die hier der Erwähnung wert sind: die Prämonstratenser, die Chorherren des heiligen Rufius; im 13. Jahrhundert findet es der heilige Dominikus, Chorherr von Osma, ganz natürlich, seinem Orden der Prediger-Brüder (die in gewissem Sinne auch Chorherren sind) die *Regula Sancti Augustini* zu geben. Um die Pariser Abtei der Chorherren des heiligen Viktor gruppiert sich eine große Schule: sie wurde 1108 von Wilhelm von Champeaux, der erst der Lehrer und später der Gegner Abälards war, begründet und zählt einige Männer zu den Ihren, die zu den Größten dieses «großen 12. Jahrhunderts» gehören, wie Hugo (ein Sachse), Richard (ein Schotte), Adam (ein Bretone). Es handelt sich hier vielleicht um die am unmittelbarsten vom Augustinismus inspirierte Schule: spekulative Mystik, auf Kontemplation gerichtete Askese, die aber weder Humanismus noch Dichtkunst ausschließt.

Die schon fast übermächtige Gegenwart des Augustinismus in der Kultur des frühen Mittelalters bringt paradoxe Folgen mit sich: ein Kopist schreibt ein anonymes Werk, das ihm der Bewunderung würdig erscheint, einfach dem heiligen Augustinus zu. Das bereits so umfangreiche Werk des Bischofs von Hippo schwillt auf diese Weise nach und nach um eine große Zahl von Apokryphen an, die wiederum dazu beitragen, seinem Namen erneute Aufmerksamkeit und Achtung zu verschaffen. Viele dieser Bücher erfreuen sich einer langen Beliebtheit, wie z. B. jene Meditationen von gemütvoller Frömmigkeit, die im wesentlichen (es mischt sich auch etwas vom heiligen Anselm bei) das Werk des Benediktiners Johannes von Fécamp (1078 gestorben) sind.

Die Scholastik

Die Dinge ändern sich, als mit dem Ende des 12. Jahrhunderts die abendländische Kultur plötzlich um eine beträchtliche Zufuhr neuen Materials bereichert wird: das ganze Werk des Aristoteles, von dem das frühe Mittelalter nur die logischen Schriften kannte, wird jetzt, einschließlich der Metaphysik, in Latein zugänglich. Dieses aristotelische Werk, das teils aus dem Arabischen, teils direkt aus dem Griechischen übersetzt und (ebenso wie das Werk Augustins) um allerlei merkwürdige fremde Beiträge bereichert war, nehmen die Scholastiker in Empfang: sie lasen unter dem Namen von Aristoteles sowohl Plotin als auch Proklos, und gleichzeitig erreichte sie eine Flut seiner muselmanischen oder jüdischen Kommentatoren: Avicenna, Averroës, Avicebron.

Wir kennen die Konsequenz, die sich aus diesem Ereignis für die mittelalterliche Kultur ergab: eine Verengung des menschlichen Feldes («das Exil der schönen Wissenschaften»), die durch eine Vertiefung im Bereich des reinen Denkens kompensiert wurde. Das ist der Triumph der Scholastik und der dialektischen Methode, die in den Dienst des spekulativen Ideals und der leidenschaftlichen Suche nach einer mehr kunstmäßig definierten Wahrheit gestellt wurde. Aber man sieht sofort, was daraus für den heiligen Augustinus folgte: er ist von da an nicht mehr der allein privilegierte Meister, von dem sich alles herleitet. Neben ihm richtet sich die nicht weniger verehrte Autorität d e s Philosophen auf, in dem man die Personifizierung der menschlichen Vernunft, und, eben gerade weil er ein Heide war, der bloßen Vernunft sieht: Aristoteles.

Gewiß, die Autorität Augustins ist niemals bestritten worden. Man sieht das bei Thomas von Aquin, dessen große Synthese, die sich auf einen systematischen und gewissermaßen radikalen Aristo-

Der heilige Bonaventura, von Vittorio Crivelli (Museum Jacquemart-André, Paris)

OPVS VICTOR CRIVELIV VENETII

telismus stützt, nichtsdestoweniger ganze Partien des Augustinismus in sich aufgenommen hat. Ich spreche nicht von dem rein nominalen Augustinismus (d. h. von all den traditionellen Ansichten Augustins, die der heilige Thomas aufgreift, wobei er sie allerdings oft auf seine Weise interpretiert, so daß sie etwas ganz anderes aussagen, als Augustin selbst gemeint hatte), sondern sehr wohl von einem authentischen, durchaus richtig verstandenen Augustinismus, dessen er sich nur nicht immer bewußt ist. (Es kommt recht häufig vor, daß selbst dort, wo der heilige Thomas rein aristotelisch sein will, das völlig assimilierte Erbe des augustinischen Denkens sich wie ein Schleier dazwischen schiebt und Verdrehungen und Transponierungen verursacht.) Als christliche Synthese konnte die thomistische Synthese den so fundamental positiven Beitrag dieses patristischen Denkens weder ignorieren noch mißachten. Man wird sich darüber klar, als im 16. und 17. Jahrhundert die Diskussionen über die Gnade anheben; es sind ganz selbstverständlich die Dominikaner, die Thomisten, die als die Verteidiger der traditionellen, von Augustinus überkommenen Anschauungen auftreten.

Man würde sich jedoch eine sehr ärmliche Vorstellung vom christlichen und besonders vom scholastischen Denken machen, wollte man es auf einen einfachen Dialog zwischen Aristoteles und dem heiligen Augustinus im Denken des heiligen Thomas zurückführen. Die Dinge liegen komplizierter: man weiß, daß der Thomismus im 13. Jahrhundert keinen leichten und auch keinen unbestrittenen Erfolg hatte. Tatsächlich ist der Name des heiligen Augustin eine Art Signal für den Zusammenschluß der ganzen anti-thomistischen Opposition gewesen. Die Opposition setzt sich nicht nur aus konservativen Geistern zusammen, die allem Neuen genauso mißtrauisch gegenüberstehen wie dem kühnen Denken des heiligen Thomas und die die Theologie im Stadium des 12. Jahrhundert erhalten wollen; in diesem 13. Jahrhundert und dieser so komplexen, reichen Epoche der Scholastik gab es auch Vertreter dessen, was man einen modernen Augustinismus nennen könnte, der seinerseits ebenfalls den Beitrag aller neuen Gedanken zu assimilieren gewußt hatte. Bei Avicenna, der ganz durchdrungen ist vom Platonismus, sieht man zum Beispiel den *Deus illuminans* des heiligen Augustin als den *intellectus agens* des Aristoteles in der Auffassung des Avicenna interpretiert. Gegen einen solchen im Sinne von Avicenna dargestellten Augustinismus setzt sich der heilige Thomas ebenso zur Wehr wie gegen den Aristotelismus des Averroës.

Neben den Dominikanern, die sich hinter dem heiligen Thomas bald gesammelt haben, tauchen zwei große, geistliche Familien auf, die sich zum Wortträger des immer noch lebendigen, immer wieder erneuerten Augustinismus machen. Hier ist vor allem der Franziskaner-Orden zu nennen, der vom heiligen Bonaventura bis zu Duns Scotus immer danach gestrebt hat, seine Theologie von Augustinus herzuleiten. Viele haben sich darüber gewundert, weil sie meinen, es gebe keine größeren Gegensätze als die herbe augustinische Strenge

Ägidius Romanus

und den lächelnden Optimismus eines heiligen Franz von Assisi. Aber diese Sicht ist oberflächlich, denn sie übersieht die strenge Askese, die bei dem heiligen Franz wie bei allen wahrhaft geistlichen Menschen die Entfaltung der Mystik vorbereitet und bedingt; wir wissen, daß sie auch dem Denken und der Erfahrung des heiligen Augustin nicht fremd war.

Jeder gebildete Mensch weiß heute, welche historische Bedeutung diesem franziskanischen Augustinismus zukommt, aber die nicht weniger hervorragende Rolle und die ebenso schöpferische Leistung einer anderen großen Augustinischen Familie ist völlig vergessen. Es handelt sich um den Orden der Eremiten des heiligen Augustin (in Frankreich nannte man sie die «Grands-Augustins»). Er wurde 1256 von Alexander IV. als eine Föderation kleiner, namentlich toskanischer Eremitengruppen gegründet. Der neue Orden verliert rasch seinen einsiedlerischen Charakter (er wird nebst den Karmelitern zum vierten großen Bettelorden), erfährt bald eine glänzende Entwicklung und wird, von der Atmosphäre des Jahrhunderts ergriffen, zum wissenschaftlichen Orden und zu einem aktiven Zentrum des

Studierens und Denkens. Sein eigentlicher theologischer Wortführer wird Ägidius Romanus (1316 gestorben); er ist nach dem heiligen Thomas der Prototyp des Augustinischen Scholastikers (das Denkmal, das ihm in der Augustinerkirche in Paris errichtet wurde, trug die Inschrift: *Archiphilosophiae Aristotelis perspicacissimus commentator)*. So einheitlich auch seine Schule war, man könnte nicht alle die zahlreichen Denker des Ordens auf diese zurückführen. Von dieser Vielfalt zeugt ein Mann wie Gregor von Rimini (1358 gestorben), der Ordensgeneral wurde und der Franziskanern wie Wilhelm von Occam gegenüber einer der hauptsächlichsten Vertreter des Nominalismus wurde, in dem sich der letzte schöpferische Elan der barocken Scholastik verkörpert.

Es gehört zu den Kennzeichen Gregors von Rimini, daß er auf sehr bewußte Weise ein Anti-Pelagianer war, der der strengsten Lehre des heiligen Augustin über die Prädestination bis in die härtesten Konsequenzen, wie die Verdammung der Kinder, treu war. Die Rettung ist in seinen Augen reines Erbarmen Gottes, das einer vollständigen Ohnmacht des Menschen entspricht. Gregor von Rimini fand als einziger unter den großen Scholastikern Gnade vor Luthers Augen, und es ist sehr wahr, daß diese Lehre zu der anderer Lehrer im Gegensatz stand, auch wenn diese selbst Vertreter des Augustinismus waren.

Das ist es, was uns zum Nachdenken über die Vielseitigkeit des Begriffs Augustinismus führt: man kann die Illuminationstheorie des heiligen Augustin entlehnen (oder vielmehr eine eigene Erkenntnistheorie in der Perspektive der Illumination entwickeln), ohne sich deshalb die Ansichten des Gegners von Julian von Eclanum, was die Rechtfertigung angeht, zu eigen zu machen. Andere haben sich hingegen mit Vorliebe gerade an diese Rechtfertigungslehre gehalten. Unser Überblick über den augustinischen Einfluß im Mittelalter wäre nicht vollständig, wenn wir nicht darauf hinweisen würden, daß auch in dieser Zeit — wie in allen bedeutenden Epochen des Augustinismus — der Konflikt zwischen dem gemäßigten Augustinismus, der natürlich von einigen als nicht genuin bezeichnet wird, und dem strengen Augustinismus, der in den Augen der katholischen Orthodoxie unmittelbar in die prädestinationistische Irrlehre einmündet, wieder auftauchte. Der Fall des Gregor von Rimini steht nicht vereinzelt da: er steht mit einer anderen Entwicklungslinie in Verbindung, die zum ersten Mal von Thomas Bradwardine betreten wurde, der 1346 als Bischof von Canterbury im Frieden mit der Kirche starb, dessen kühne Lehre aber die radikalen Positionen eines Wyclif inspirierte, die zur Quelle für Johannes Hus wurden.

Girolamo Seripando, päpstlicher Legat auf dem Konzil von Trient

Auf diese Weise nähern wir uns den Vorboten und Wurzeln der Reformation. Im Angesicht der modernen Formen, zu denen die Entwicklung des Protestantismus geführt hat, vergißt man häufig, daß die Kampfursache, der Punkt, der zum Bruch zwischen Reformatoren und Katholizismus führte, das Problem der Rechtfertigung gewesen ist. Ob es sich nun um Luther oder um Calvin handelt, sie sind sich dessen bewußt, daß sie sich gegen etwas auflehnen, was ihnen als der praktische, von der Kirche ihrer Zeit gelehrte Pelagianismus erscheint, und daß die wirkliche Lehre des heiligen Paulus im Sinne der strengen Interpretation Augustins wieder aufgenommen werden muß. Darum bestehen sie so auf der Erbsünde, auf der Schwäche des Fleisches, der Schwäche, oder besser, der radikalen Ohnmacht des Menschen, auf der Rettung, die nur von Gott allein kommt, auf dem rechtfertigenden Glauben. Alle diese Themen hatte schon Augustin aufgegriffen, und die Reformatoren sind sich dessen wohl bewußt. Sie zitieren gern den Bischof von Hippo, rufen, wenn nicht seine Autorität, so doch sein Beispiel an und verfehlen keine Gelegenheit, ihn mit Lob zu bedenken.

In den so hervorgerufenen Diskussionen begegnen wir aufs neue dem Konflikt zwischen den beiden Interpretationen der antipelagianischen Theorien des heiligen Augustin, die entweder gemäßigt oder übertrieben sind. Die so leidenschaftlichen Kämpfe des Konzils von Trient sind häufig als eine Schlacht für oder gegen den Augustinismus bezeichnet worden. Obgleich sich das Konzil letzten Endes, da es ja den katholischen Glauben gegenüber den protestantischen Neuerungen definieren mußte, vorsichtig aller übertriebenen Präzisierungen enthalten hat, (es hat es abgelehnt, dem großen Theologen des Augustinerordens, Seripando, in seiner Theorie der doppelten Rechtfertigung zu folgen), konnte es doch nichts anderes tun, als das Wesentliche aus der Lehre des Lehrers der Gnade, so wie die Kirchentradition es verstanden hatte, d. h. innerhalb gewisser Grenzen und unter Ablehnung aller Überspitzungen, aufzunehmen.

Die Gegenreformation beschränkt sich nicht auf die dogmatische

Theologie: man müßte hier von der Gegenwart des heiligen Augustinus in der Erneuerung der Spiritualität und der Mystik sprechen. Wir sehen ihn zum Beispiel bei einer Vision der heiligen Maria Magdalena von Pazzi beteiligt (1585), die das Echo auf die Visionen der großen Begine Hadewijch von Antwerpen aus dem 13. Jahrhundert ist. Und wie sollte man unter den Großen des Augustinerordens nicht auch den bedeutenden Lehrer des geistlichen Lebens, den Humanisten, den kühnen Exegeten und Poeten, einen der größten des spanischen Klassizismus, Luis von Léon (1527—1591) erwähnen?

Die Reformation und die Reaktionen, die sie hervorgerufen hat, können den neuerlichen Einfluß und die aktuelle Bedeutung des heiligen Augustinus, deren Zeuge die abendländische Kultur des 16. Jahrhunderts ist, nicht hinlänglich erklären. Der Humanismus, der bald Verbündeter, bald Gegner der Reformation war, hat dabei auch eine Rolle gespielt. Er sollte durch mehrere seiner fundamentalen Tendenzen dazu beitragen, die Aufmerksamkeit wieder auf das Werk der Kirchenväter, und unter diesen auf das Werk Augustins zu lenken: Verachtung der Scholastik und ihres «barbarischen Jargons» (gemeint war ihre Fachsprache: das Deutsch von Heidegger und das Französisch von Sartre erscheinen dem philosophisch nicht gebildeten Leser genauso ‹barbarisch›), Liebe zur Antike, Rückkehr zu den Quellen, zu den Originaltexten und großen Büchern, Ablehnung des «Drumunddran», der Auslegereien und Kommentare. Als Lefèvre d'Etaples zum Beispiel 1498 eine kleine Sammlung patristischer Texte unter dem Titel *Belebende Theologie* — mit dem heimtückischen Motto «*Cibus solidus*», feste Nahrung — veröffentlichte, da hörte man heraus, auf wen er es abgesehen hatte. Andrerseits hat man häufig den Neo-Paganismus der Renaissance übertrieben; es blieb jenen Männern ein sehr bewußtes und häufig sogar tiefes und aufrichtiges Christentum. Der Humanismus, nach dem sie strebten, war und wollte ein christlicher Humanismus sein. So haben sie sich also den Kirchenvätern und namentlich dem heiligen Augustin wieder zugewandt, bei dem sie ein Vorbild und die Theorie eines derartigen Humanismus finden konnten. (Diese Bewegung ist bereits mitten im 14. Jahrhundert schon bei einem der Vorläufer des Humanismus, Petrarca, spürbar, der sowohl dem heiligen Augustinus als auch dem Eremiten-Orden eng verbunden war.) Schließlich hat auch die Erneuerung des Platonismus, in welchem die anti-aristotelische Reaktion und der Einfluß der letzten Byzantiner zusammenfließen, zu einer Vermehrung des Interesses am Meister des lateinischen und christlichen Neuplatonismus beigetragen.

Die Renaissance und ihre großen Philologen haben tatsächlich viel dazu getan, die augustinischen Schriften zu sammeln und zu verbreiten sowie das authentische Werk nach und nach vom Staub der Apokryphen zu befreien, die sein wahres Gesicht mit der Zeit verdeckt hatten. Man stellt nicht ohne Erstaunen fest, daß unter den mehr als zweihundert Inkunabeln, die nach Erfindung der Buchdruckerkunst unter dem Namen Augustins erschienen waren, die Mehrheit aus

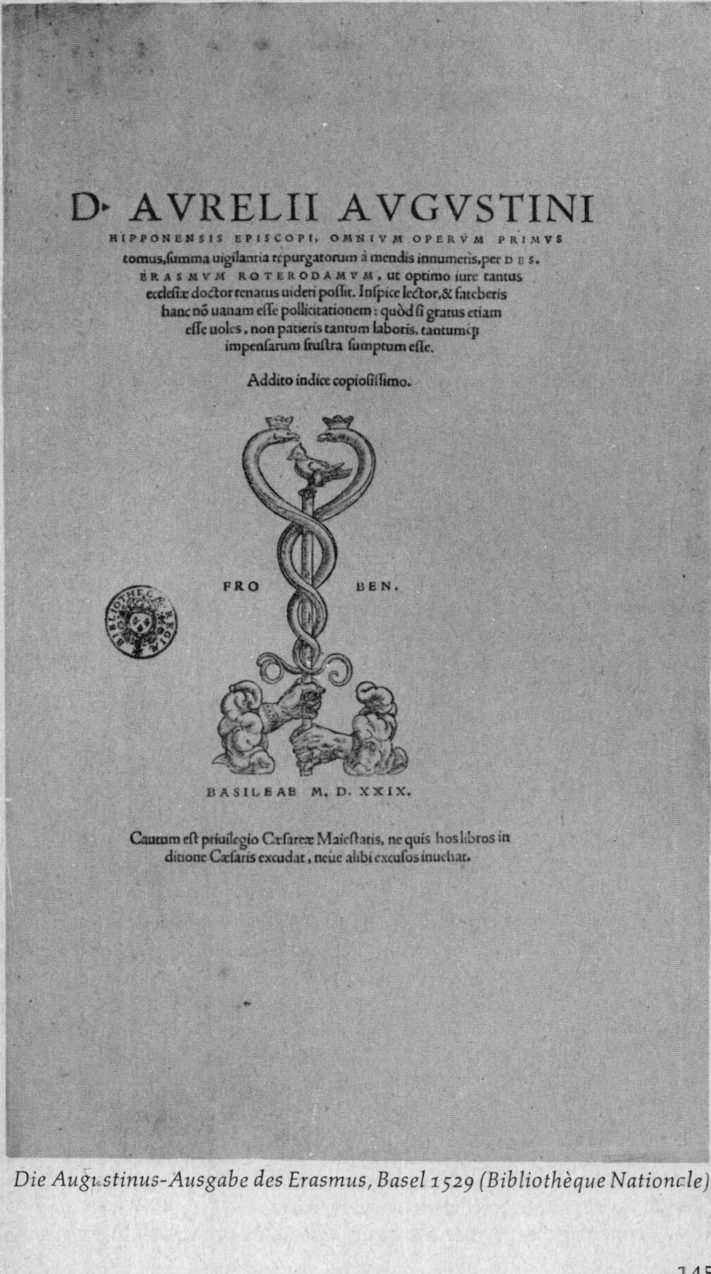

D. AVRELII AVGVSTINI

HIPPONENSIS EPISCOPI, OMNIVM OPERVM PRIMVS tomus, summa uigilantia repurgatorum à mendis innumeris, per DES. ERASMVM ROTERODAMVM, ut optimo iure tantus ecclesiæ doctor renatus uideri possit. Inspice lector, & fateberis hanc nō uanam esse pollicitationem: quòd si gratus etiam esse uoles, non patieris tantum laboris, tantumq; impensarum frustra sumptum esse.

Addito indice copiosissimo.

FRO BEN.

BASILEAE M. D. XXIX.

Cautum est priuilegio Cæsareæ Maiestatis, ne quis hos libros in ditione Cæsaris excudat, neue alibi excusos inuehat.

Die Augustinus-Ausgabe des Erasmus, Basel 1529 (Bibliothèque Nationale)

Pseudepigraphen besteht. Im 16. Jahrhundert erschienen die ersten großen Gesamtausgaben; von einer zur andern verfolgt man den Prozeß der kritischen Läuterung: von der Ausgabe Amerbachs (Basel 1506) oder der von Erasmus (Basel, bei Froben 1527–1529), von der Edition des *Gottesstaates* durch L. Vives (Basel 1522), von der durch Chevallon, der mehr oder weniger Erasmus plündert (Paris 1531), bis zu der großartigen Löwener Ausgabe, die von 64 Theologen unter der Leitung von Jean van der Meulen vorbereitet wurde und die bei Plantin in Antwerpen erschien (1576–1577).

Man könnte jedoch nicht sagen, daß der heilige Augustinus der große Mann und begünstigte Inspirator der Humanisten gewesen sei. Obgleich Erasmus zum Beispiel in seinem Vorwort-Brief an den Erzbischof Fonseca von Toledo die Größe dieses göttlichen Mannes gefeiert hat, der in sich allein alle Verdienste vereint, die man bei den anderen Kirchenvätern getrennt voneinander findet, weiß man doch sehr wohl, daß er ihm im Grunde seines Herzens einen Hieronymus oder einen Origenes vorzog. Augustin schien ihm zu wenig kritisch (in dem Sinne, in dem man von historischer und literarischer Kritik spricht), zu dogmatisch, zu theologisch, zu kirchlich, um nicht zu sagen zu klerikal, zu abstrakt – zu tief.

Alle diese Gründe haben dagegen beim Klassizismus, der auf diese erste humanistische Epoche folgte, zu seinen Gunsten gesprochen; sie trugen, namentlich in Frankreich, dazu bei, aus dem 17. Jahrhundert das eigentliche augustinische Jahrhundert zu machen.

Das 17. Jahrhundert

«Ein Kirchenvater, ein Kirchenlehrer, was für Namen sind das! Welche Trübseligkeit finden wir in ihren Schriften! Welche Dürre, welch kalte Frömmigkeit und welche Scholastik! sagen jene, die sie niemals gelesen haben. Aber vielleicht wären alle, die sich eine von der Wahrheit so entfernte Vorstellung von den Kirchenvätern gemacht haben, sehr erstaunt, wenn sie in ihren Werken mehr Kunstfertigkeit und Feinheit, mehr Höflichkeit und Geist, mehr Reichtum im Ausdruck und mehr Kraft in der Begründung, mehr lebendige Züge und natürliche Anmut finden würden, als man in den meisten Büchern unserer Zeit wahrnimmt, die aus Liebhaberei gelesen werden und die den Autoren Ruhm und Ehre einbringen. Welche Freude, die Religion zu lieben und sie von so herrlichen Genies und gediegenen Geistern geglaubt, gestützt und erklärt zu finden! Vor allem, wenn man zu der Erkenntnis gelangt ist, daß in der Breite des Wissens, in der Tiefe der Durchdringung, in den Prinzipien der reinen Philosophie, in ihrer Anwendung und Entwicklung, in der Richtigkeit ihrer Schlußfolgerungen, in der Würde der Rede und in der Schönheit der Moral und der Gefühle niemand außer Plato und Cicero mit Augustin verglichen werden kann.»

La Bruyère ist es [12], der als guter Klassiker und Anhänger der Alten so spricht; niemals sind die Gründe der Faszination, die der «Adler unter den Gelehrten», wie man Augustinus nannte, auf jene Zeit ausgeübt hat, besser analysiert worden. Er war «das Orakel seines Jahrhunderts und der folgenden Jahrhunderte», er war der Kirchenvater, bei dem man sowohl den edlen Geist des großen Rom als auch die Vollkommenheit der lateinischen Sprache und einen schönen Stil fand.

La Bruyère schreibt gegen Ende der klassischen Periode; seit dem Anfang des 17. Jahrhunderts drückt der augustinische Einfluß der großen katholischen Renaissance sein Gepräge auf. Sie war vom Geist der Gegenreformation inspiriert, der das französische Leben jener Zeit veränderte. Wenn wir einen Repräsentanten für die Weite und Fruchtbarkeit dieses Einflusses auf dem Gebiete der Spiritualität, Frömmigkeit und Mystik suchen, dann nennen wir, ohne lange zu zögern, den Namen des Kardinals Pierre de Bérulle; er war der erste Anreger dieser großen Bewegung, die mit Recht die *französische Schule* genannt wird (denn von ihr leiten sich St. Vinzenz von Paul, Condren, M. Olier, St. Sulpice und die Eudisten ab). Aus seinem ganzen Werk tritt uns vor allem eine Initiative entgegen (der Leser wird bemerkt haben, daß jede Erneuerung des augustinischen Einflusses von dem Auftauchen einer neuen geistlichen Familie begleitet ist): die Gründung des französischen Oratoriums im Jahre 1613, einer sowohl apostolischen als auch gelehrten Priestergemeinschaft, die er vom Geist des heiligen Augustin belebt wissen wollte: «ihn muß unsere Ordensgemeinschaft», sagte er, «um Demut im Geiste bitten, und darum, daß wir die Studien mit der Liebe zu Jesus Christus und zu unserem Nächsten verbinden.[13]»

Aber der Einfluß des heiligen Augustinus geht noch viel weiter: er erfüllt das ganze Jahrhundert. Alle zitieren, benutzen und kommentieren ihn, auch wenn sie ihn selbst gar nicht gelesen haben, wie das für Pascal zutrifft, der ihn offenbar nur durch Montaigne, der ein großer Leser des *Gottesstaates* war, Jansenius oder dessen Freunde von Port-Royal kennt. Man sieht Augustins souveräne Autorität überall einwirken: die gallikanische Kirche beruft sich auf ihn, um die Konzilien über den Papst zu stellen; der Erzbischof von Paris, Fr. de Harlay, veröffentlicht 1685 seine *Conformité de la conduite de l'Église de France pour ramener les Protestants avec celle de l'Église d'Afrique pour ramener les Donatistes* (Übereinstimmung des Verhaltens der französischen Kirche zur Rückführung der Protestanten mit dem der afrikanischen Kirche zur Rückführung der Donatisten), die Bayle sofort zu widerlegen beginnt. Und, dies sei nur nebenbei gesagt, Bossuet greift auf jeder Seite seiner *Rede über die Universalgeschichte* auf den von ihm wunderlich aufgefaßten *Gottesstaat* zurück ... Es wird schließlich eine Besessenheit daraus: man wagt nicht mehr, Vorbehalt oder Kritik zu äußern; der heilige Augustinus hat immer und überall recht. Rom mußte 1690 unter den Irrtümern der Jansenisten auch die Lehrmeinung verurteilen, die besagte, schon allein die Tatsache, daß der heilige Augustin sich zu

Das Oratorium in der Rue St. Honoré

einem Lehrsatz bekannt habe, ermächtigt dazu, diesen Lehrsatz gegen alles und alle, den Papst inbegriffen, zu verteidigen.

Daß der heilige Augustinus in der Gedankenwelt des französischen 17. Jahrhundert einen Platz allerersten Ranges einnahm, beweist am klarsten die Rolle, die er in der Entwicklung des Cartesianismus gespielt hat. Mersenne hat nach der ersten Lektüre des *Discours sur la Méthode* und der große Arnauld nach Erscheinen der *Méditations métaphysiques* von Descartes sogleich auf die überraschende Übereinstimmung gewisser Beweisführungen Augustins [14] mit der Argumentation des *Cogito, ergo sum* hingewiesen. Hat Descartes diese Texte gekannt oder nicht? Die Historiker streiten sich darüber und wagen es aus Mangel an entscheidenden Dokumenten nicht, Schlußfolgerungen zu ziehen. Descartes selbst ist über diese Frage mit der ihm eigenen Großzügigkeit hinweggegangen [15]. Sie ist aber von außerordentlicher Wichtigkeit für die Zeitgenossen. Diese Übereinstimmung erschien ihnen wunderbar, schicksalhaft und bedeutungsschwer, sie verlieh der neuen Philosophie eine unerwartete Autorität. Die ersten Anhänger Descartes' hörten nicht auf, die «Übereinstimmung der Lehre des heiligen Augustin mit den Anschauungen von Monsieur Descartes» zu feiern [16]. So verschiedenartig (Pascal hat das wohl gefühlt) auch die Perspektiven der beiden Denker sein mochten, man bezeichnete den Cartesianismus zu seiner allergrößten Ehre als eine Weiterführung des Augustinismus.

Es muß übrigens hervorgehoben werden, daß die Lektüre von Descartes durch eine umgekehrte Bewegung auf eine tiefe (und dauerhafte) Weise zum Verständnis des heiligen Augustin beigetragen hat. Man kann sich fragen, ob das 17. Jahrhundert bis dahin nicht im Bischof von Hippo vor allem den Kirchenlehrer und Meister geistlichen Lebens gesehen hatte: im Kontakt mit Descartes entdeckt man im heiligen Augustinus einen «Menschen von großem Geist und einen einzigartigen Lehrer nicht nur im Hinblick auf die Theologie, sondern auch auf die menschliche Philosophie» — wie Arnauld in den berühmten *Quatrièmes Objections* [17] schreibt. Und nicht nur das: häufig wird der augustinische Gedanke erst durch das cartesische Prisma entdeckt. Ein Oratorianer, Pater André Martin, veröffentlichte zwischen 1653 und 1671 eine *Philosophia Christiana*, die eine außerordentlich erfinderische Montage aus bei Augustin entlehnten Texten ist, und die er mit tendenziöser Geschicklichkeit aufgebaut hat: der systematische Augustinus, den er uns darstellt, ist ein nach dem cartesischen System wiedergedachter und rekonstruierter Augustin. Der sechste Band, der das Werk beendet, ist ganz der Feststellung gewidmet, daß der heilige Augustin, der niemals ausdrücklich darüber gesprochen hat, in der Tat gut mit unserem Philosophen übereinstimmt, indem auch er die Seele der Tiere geleugnet habe.

Die Begegnung zwischen einem derartig augustinisierenden Cartesianismus und einem cartesianischen Augustinismus gerade im Rahmen des Oratoriums bestimmt das geistige Klima, in dem sich die Philosophie von P. Malebranche entfalten konnte. Wir können uns mit dieser Philosophie als solcher hier nicht beschäftigen. Aber wir müssen doch hervorheben, daß einige Thesen, wie z. B. die Schau aller Dinge in Gott (Ontologismus) und seine Theorien von der Wirkweise der Zweitursachen (Okkasionalismus), sie — historisch gesehen — als eine Überspitzung gewisser spezifisch augustinischer Tendenzen erscheinen lassen: die Vernachlässigung oder gar Verachtung der Zweitursachen und die Überbetonung der Erstursächlichkeit Gottes sowohl im Schöpfungs- wie auch im Erkenntnisvorgang. Wie wir gesehen haben, gehört es zum Eigentümlichen des Augustinismus, daß er Anhänger hervorbringt, die infolge einer übertriebenen Treue den Sinn für das Maß verlieren und die eigentliche Lehre des heiligen Augustin verändern, indem sie sie entstellen.

Das 17. Jahrhundert liefert uns hierfür ein anderes und sehr deutliches Beispiel auf theologischem und religiösem Gebiet: das große und schmerzliche Abenteuer des Jansenismus, der die alten Streitigkeiten um den Prädestinationismus erneuert und der noch einmal die radikale und gemilderte Interpretation der antipelagianischen Theorien über die Gnade in Gegensatz zueinander bringt. Der Zwist wurde unvermeidlich durch die reservierte Haltung, die das Konzil von Trient diesem umstrittenen Problem gegenüber eingenommen hatte. Das läßt sich gut an zwei Episoden aufzeigen, die in Frankreich weniger bekannt sind als der eigentliche Jansenismus, die ihn aber außerordentlich gut erhellen.

Es handelt sich erst einmal in Löwen selbst, wo später Jansenius und St. Cyran ausgebildet wurden, um die Affäre des Baïanismus: Michel de Bay (1513—1589), Baius im Latein jener Zeit, ist ein strenger Augustiner; er rühmt sich, die von Possidius für unmöglich gehaltene Heldentat, und noch mehr, vollbracht zu haben, indem er neunmal das ganze Werk Augustins und siebzigmal die Schriften

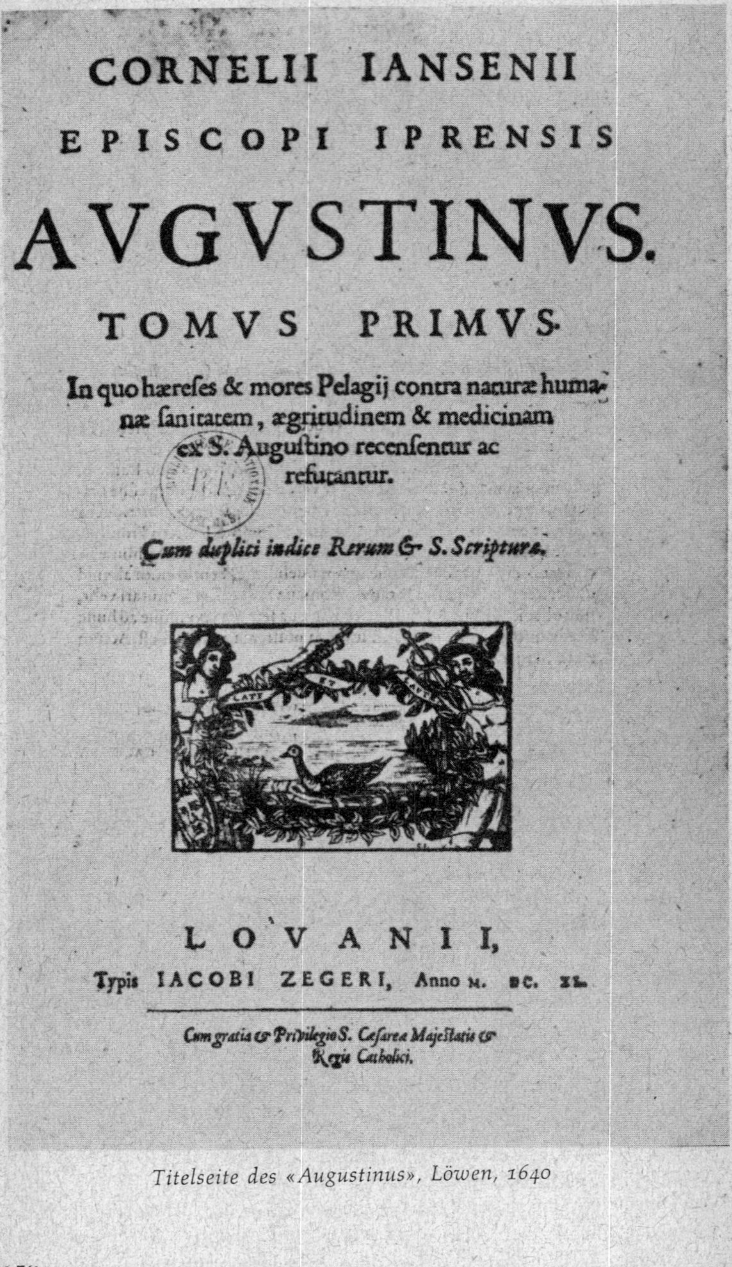

CORNELII IANSENII

EPISCOPI IPRENSIS

AVGVSTINVS.

TOMVS PRIMVS.

In quo hæreses & mores Pelagij contra naturæ humanæ sanitatem, ægritudinem & medicinam ex S. Augustino recensentur ac refutantur.

Cum duplici indice Rerum & S. Scripturæ.

LOVANII,

Typis IACOBI ZEGERI, Anno M. DC. XL.

Cum gratia & Privilegio S. Cæsareæ Majestatis & Regis Catholici.

Titelseite des «Augustinus», Löwen, 1640

über die Gnade (die Apokryphen inbegriffen) gelesen habe: dieses Verhältnis ist bedeutungsvoll. Wer zuviel in den antipelagianischen Schriften geblättert hat, der muß zum Pessimisten gegenüber den Menschen, der Sünde und der Willensfreiheit werden und gelangt ganz natürlich zu einer Theorie der Rechtfertigung, die die Grenzen der Orthodoxie bald überschreitet. Baius steht zu Jansenius in dem gleichen Verhältnis wie Bradwardine zu Wyclif: nachdem er getadelt und verurteilt worden ist, stirbt er in Treue zur Kirche, aber seine Lehre enthält schon alles, was der andere wieder aufnimmt und woran sich die Irrlehre festbeißt.

Jansenius. Frontispiz des «Augustinus», 1640

Der zweite Tumult wird der Streit *de auxiliis* genannt; er wiederum wird durch die dem Menschen und seiner Rolle im Rettungsprozeß viel zu günstige Lehre des spanischen Jesuiten Luis de Molina (1536–1600) hervorgerufen. Die Streitigkeiten beginnen 1594 in Spanien zwischen den Molina feindlichen Dominikanern und den Jesuiten und werden dann nach Rom getragen, wo die beiden Parteien von 1598 bis 1607 vor Clemens VIII. und Paulus V. ihre Sache verfechten. Die Kämpfe führen zu einem Richterspruch, der die beiden Gegner gleichermaßen abweist, und der die Dominikaner von dem Verdacht des Calvinismus und die Jesuiten vom Verdacht des Pelagianismus freispricht. Diese Lösung war klug; sie hinderte aber natürlich nicht, daß die Theologen weiterhin danach strebten, die unerreichbare Zone des Mysteriums, in der sich die göttliche Allmacht und die menschliche Freiheit begegnen, näher zu begrenzen. Der Streit sollte gegen Ende des Jahrhunderts wieder aufleben. Diesmal verteidigt der Augustiner-Orden, dessen hauptsächlicher Wortführer Kardinal Noris (1631—1704) war, eine strengere Interpretation der augustinischen Exegese gegen den Molinismus. Ein Spruch von Benedikt XIV. bestätigt 1704 die Freiheit verschiedener Schulen und Systeme im Schoße der katholischen Orthodoxie, um dem Streit ein Ende zu machen. Aber inzwischen hatte der Jansenismus in der Kirche einen viel gefährlicheren Brand entzündet.

Diese Episode hat in der religiösen und literarischen Geschichte Frankreichs eine zu bekannte Rolle gespielt, als daß es nötig wäre, hier lange darauf einzugehen. Sie ist, wie man weiß, aus der Veröffentlichung des posthumen Buches von dem Holländer Cornelius Jansen, Professor und später Rektor in Löwen, hervorgegangen. Er ist 1638 als Bischof von Ypern gestorben. Das Buch ist ein dicker Folioband mit dem bedeutungsvollen Titel: *Augustinus oder die Lehre des heiligen Augustin über Gesundheit* (vor dem Sündenfall!), *Krankheit und Heilung der menschlichen Natur gegen die Pelagianer und Marseillaiser* (Löwen 1640, Paris 1641, Rouen 1643). Aber Jansenius allein erklärt nicht den ganzen Jansenismus: man kann sein Denken nicht vom Handeln jener beiden großen Männer trennen, deren einer der Studienkamerad und Freund von Jansenius, Jean Duvergier de Hauranne, Abt von St. Cyran (1581—1643) war, jener merkwürdige Mann, der so schwer zu beurteilen ist und dem in weitem Maße die geistige Entwicklung von Port-Royal zu verdanken ist, in dem der Jansenismus seine glühendsten Anhänger fand — und deren anderer der große Mann dieses Milieus, Antoine Arnauld (1612—1694), das eigentliche Haupt der Partei und der unermüdliche Polemiker von stählernem Charakter war.

Diese Affäre, eine lange und schmerzliche Geschichte, beginnt 1641 mit der ersten Verdammung des *Augustinus* durch Urban VIII. und erfährt darauf eine kurze Zeit der Linderung unter Clemens IX. im Jahre 1668 durch den «clementinischen Frieden», «Kirchenfrieden» oder «Scheinfrieden» (diese Periode der Ruhe sichert der Entwicklung der augustinischen Studien und des augustinischen Einflusses eine Blütezeit, die der zu Beginn des Jahrhunderts vergleichbar ist). 1676 bricht der Streit unter Innocenz XI. erneut und verstärkt wieder aus. Da Arnauld tot ist, wird Pasquier Quesnel (1634 bis 1719) Führer der Partei; der Kampf wird schärfer, starrer und unendlich ärmer an menschlichen und geistigen Werten. Er hat sich bis weit ins 18. Jahrhundert erstreckt, wie man weiß, und es ist nicht einmal sicher, ob heute alle seine Nachwehen völlig überwunden sind.

Jean Duvergier de Hauranne, genannt Saint-Cyran. Seine rechte Hand liegt auf den Werken des heiligen Augustinus und auf der Bibel. Gemälde von Philippe de Champaigne, um 1643 (Museum in Versailles.)

Im wesentlichen ging es bei diesem Streit immer um die Autorität des heiligen Augustinus, die von denen, die sich die «Verteidiger der Gnade und des heiligen Augustin» nannten, vorbehaltlos und mit einseitiger Beharrlichkeit verkündet wurde. Es ist gewiß, daß der Jansenismus sehr viel beigetragen hat zu dieser Allgegenwart Augustins und zu der Besessenheit vom Augustinismus, die wir schon hervorgehoben haben. All diese Polemiken dürfen uns aber nicht hindern, alles das zu sehen, was dazu geholfen hat, Augustinus besser bekannt und uns vertrauter zu machen. Immer zahlreicher werden die historischen Arbeiten – über Augustin selbst, über Pelagius, die Semi-Pelagianer,

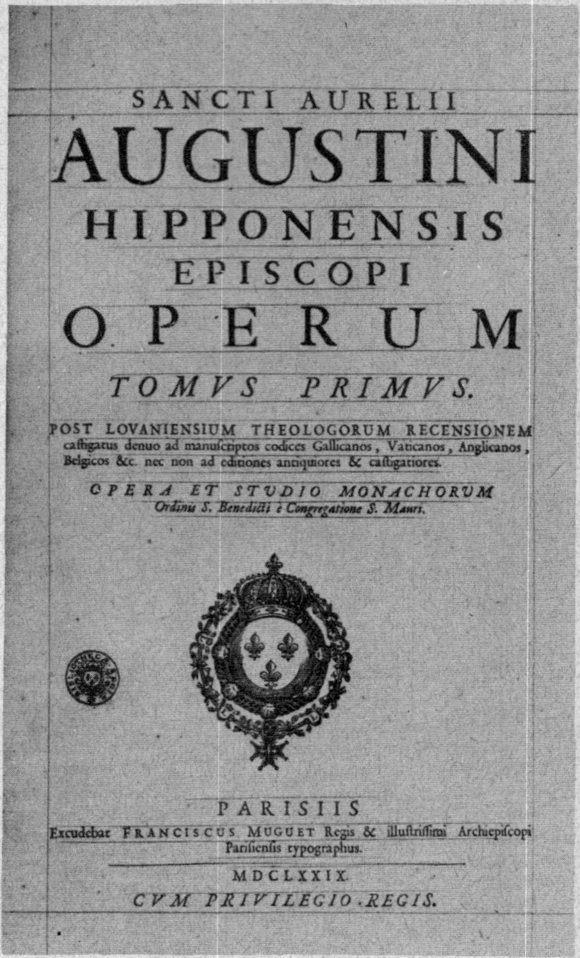

SANCTI AURELII
AUGUSTINI
HIPPONENSIS
EPISCOPI
OPERUM
TOMVS PRIMVS.
POST LOVANIENSIUM THEOLOGORUM RECENSIONEM castigatus denuo ad manuscriptos codices Gallicanos, Vaticanos, Anglicanos, Belgicos &c. nec non ad editiones antiquiores & castigatiores.
OPERA ET STVDIO MONACHORVM Ordinis S. Benedicti è Congregatione S. Mauri.
PARISIIS
Excudebat FRANCISCUS MUGUET Regis & illustrissimi Archiepiscopi Parisiensis typographus.
MDCLXXIX.
CVM PRIVILEGIO REGIS.

Die berühmte Ausgabe der Mauriner, 1679

ja sogar über Gottschalk –, die der Feder der Jansenisten oder ihrer jesuitischen Gegner zu verdanken sind. Gewiß, man hat ihnen oft vorgeworfen, daß sie sich – auf Kosten der zur Bemühung um authentisches Verständnis notwendigen Gelassenheit – zu sehr von den Sorgen des Augenblicks haben absorbieren lassen; trotzdem danken wir einem der Männer von Port-Royal, dem großen Sebastian Lenain von Tillemont, die genaueste und kritischste Augustinus-Biographie, die bis dahin geschrieben worden ist. Auch häufen sich die Teilauflagen und Übersetzungen; das zu Ende gehende Jahrhundert baut das schönste und dauerhafteste Denkmal, das seinem Andenken gewidmet worden ist: die von den Benediktinern von St. Maur veröffentlichte Gesamtausgabe des augustinischen Werkes, die Meisterleistung der großartigen Gruppe um Mabillon an der Abtei von St. Germain-des-Prés. Die Ausgabe wurde unter der Leitung von Dom Delfaut, danach unter Dom Blampin vorbereitet und nicht ohne Schwierigkeiten fortgesetzt. Sie erschien zwischen 1679 und 1700 und überragte die alte Ausgabe der Theologen von Löwen — und sie ist, was die Vollständigkeit angeht, bis heute noch nicht überholt.

Gestern, heute und morgen

Gerade der Erfolg, den das 17. Jahrhundert Augustin gesichert, die Rolle, die er in kirchlichen Streitigkeiten gespielt hatte, wenden das 18. Jahrhundert in dem Maße von ihm ab, in dem es sich mit der Philosophie, der Aufklärung, der antikatholischen Reaktion und der Entchristianisierung identifiziert. Es ist zum Beispiel unerquicklich, die wenigen achtlosen und größtenteils verächtlichen Zeilen nachzulesen, die der Voltairianer Gibbon ihm in seiner großen Geschichte vom *Verfall und Untergang des römischen Reiches* (1776—1788) widmet. Aber in dem Maße, in dem das Christentum wieder auflebt, ist es sich der lebendigen Quelle des augustinischen Gedankens bewußt. An ihm stillt es immer wieder seinen Durst. Der Name, den man hier gleichsam symbolisch als Angelpunkt bezeichnen könnte, ist der des Barnabiten Hyacinthe Gerdil (1718—1802), er verteidigt Malebranche gegen Locke und verfaßt einen *Anti-Emile* (1763). Es ist pikant, daß die Antwort an den savoyischen Vikar aus der Feder eines Savoyers kommt (Gerdil ist in Samoëns geboren).

Mit ihm lebt die philosophische Seite des Augustinismus weiter; Gerdil steht am Ursprung der ontologischen Bewegung, eines von Malebranche erneuerten metaphysischen Augustinismus: eine unmittelbare Erkenntnis Gottes, in der wir jene göttlichen Archetypen finden, die die allgemeinen Ideen und ihre Wahrheit sind. Diese Lehre und Tendenz dominiert bis 1860 in vielen katholischen Kreisen und beunruhigt die Orthodoxie: in Italien (mit Gioberti, Rosmini, Mamiani), in Löwen und in Frankreich (ein Ontologe, der Abbé Jules Fabre, legt die augustinische *Philosophia* des Paters André Martin, Paris 1863, wieder neu auf, nachdem er sie etwas überarbeitet hat).

Aber das ist nur ein Einzelaspekt: die ganze christliche Renaissance des 19. Jahrhunderts nährt sich vom Augustinismus, wie die Neudrucke der Benediktinerausgabe und die Übersetzungen beweisen, die sich, namentlich in Frankreich, zu jener Zeit häufen. Wie immer spiegelt sich diese neue Phase augustinischen Einflusses in der Entwicklung des religiösen Lebens wider und personifiziert sich in der Schöpfung neuer, von seinem Geist inspirierter Familien: Pater d'Alzon baut zwischen 1845 und 1850 seine Kongregation der Augustiner von der Assumptio auf der «*Regula sancti Augustini*» auf.

Es scheint nicht nötig, die Beweise dieser ständig fühlbaren Gegenwart Augustins im Schoße der Kultur der letzten Generationen und der unseren aufzuzeigen. Er bleibt einer der wenigen christlichen Denker, von dem die Nicht-Christen wissen, daß er existiert und dem sie zumindest einen Platz in der Entwicklung des menschlichen Geistes einräumen. So weit sich auch der Protestantismus, vor allem im Augenblick des liberalistischen Triumphes, von den doktrinalen und kirchlichen Positionen Augustins entfernt hatte, er hat doch nie aufgehört, ihn als einen seiner größten Kirchenlehrer zu verehren. Über die Jahrhunderte hinweg bilden die feierlichen Enzykliken von Pius XI. (1930) oder Pius XII. (1954) ein Echo zur Stimme ihres Vorgängers von 431, und das trotz des paradoxen Charakters des augustinischen Einflusses, der, wie gezeigt wurde, ebenso eine Quelle von Irrlehren oder Verirrungen wie von gesunden Tendenzen war.

Die Feier seines fünfzehnhundertsten Todestages im Jahre 1930 und die seines sechzehnhundertsten Geburtstages im Herbst 1954 haben gleichzeitig die «immer neue Fruchtbarkeit des augustinischen Denkens» (das Wort stammt von Maurice Blondel [18]) und die methodologischen Forderungen, die seine Zukunft bedingen, gezeigt.

So rasch dieser Gang durch die Jahrhunderte auch gewesen sein mag, er wird doch genügt haben, dem Leser diese paradoxe Tatsache einzuprägen: es ist nicht immer das Beste vom heiligen Augustinus, das den tiefsten oder zumindest sichtbarsten Einfluß ausgeübt hat; die Aufgabe, die uns bleibt, ist also von daher leicht zu bestimmen: wir haben uns stets vom Augustinismus und von allen Augustinismen an den heiligen Augustinus selbst zu wenden.

NACHWEISE

1. Retractationes 40 (II, 13), 42 (II, 15), 59 (II, 32); Brief 174
2. Brief 72, 1
3. Brief 94; 119, 2
4. Brief 109, 1—2
5. Genadius von Marseille, Indic. de haeresia 52
6. Coelestinus, Brief 21
7. Vincent de Lérins, Excerpta; Genadius, De viris illustribus 28
8. Etymologien VI, 7, 3
9. Brief X, 16
10. Gottschalk, ed. Lambot. S. 327
11. Institutiones I, 22
12. Des esprits forts 21
13. Konferenz vom 28. August 1613 (J. Dagens, Bérulle, S. 268)
14. De libero arbitrio II, 3 (7); Civitas Dei XI, 26; De Trinitate X, 10 (14)
15. Œuvres, T. 9 (Adam-Tannery). S. 170; Brief vom Nov. 1640 in T. 3. S. 247—248
16. L. de la Forge, Traité de l'esprit de l'homme
17. Descartes, Œuvres. T. 9. S. 154
18. Saint Augustin. Paris 1930. S. 3 bis 20

Der heilige Augustinus. Ausschnitt aus dem «Begräbnis des Grafen Orgaz», von Greco (Toledo)

ZEITTAFEL

1. Politischer Hintergrund: Zeit der Wirren

352—353 Kaiser Constans, letzter überlebender Sohn von Constantin, entreißt Italien und Gallien wieder dem Usurpator Magnentius.

354 Augustin geboren.

355 Franken, Alemannen und Sachsen überfluten Gallien.

357 Kaiser Julian befreit Gallien durch seinen Sieg bei Straßburg.

361 Julian — Apostata — wird im Aufruhr gegen Constans in Paris zum Kaiser ausgerufen.

363 Julian wird besiegt und von den persischen Sasaniden in Mesopotamien getötet.

364 Nach Jovianus wird Valentinian Kaiser; für den Orient wird sein Bruder Valens zu seinem Mitregenten.

364 Die Alemannen dringen erneut in Gallien ein und werden von Valentinian wieder vertrieben.

365—366 Usurpator Procopius.

365—371 Krieg gegen die Goten.

372—375 Aufruhr des berberischen Führers Firmus in Afrika.

374 Die Hunnen überschreiten auf der Wanderung nach Westen die Wolga.

375 Auf Valentinian folgen seine Söhne Gratianus (der von seiner Mutter Justinia beherrscht wird) und Valentinian II.

378 Valens wird in der Schlacht bei Adrianopel von den Goten besiegt und getötet.

379 Gratianus erhebt Theodosius I. auf den Thron des Ostens.

380—382 Theodosius gibt Pannonien den Westgoten preis und macht die Ostgoten südlich der Donau ansässig.

383—388 Maximus, der Mörder Gratianus, usurpiert im Westen.

392 In Rom Usurpation von Eugenius, der sich auf die germanischen Soldaten und die heidnische Anhängerschaft stützt.

392 Erschütterung durch den Vorstoß der Hunnen: die Vandalen werden von den Alanen nach Westen getrieben und von diesen verfolgt.

394 Theodosius siegt über Eugenius und wird zum Alleinherrscher.

395 Theodosius gestorben. Teilung des Reiches unter seine beiden Söhne.

395—408 Der Vandale Stilicho leitet (für Honorius) das westliche Reich.

396 Die Westgoten in Illyrien.

396—400 Intrigen am Hofe des Arcadius (der von seiner Frau Eudoxia beherrscht wird); Triumph der anti-germanischen Partei; byzantinische Nationalrenaissance.

399 Am 31. Dezember betreten die Vandalen (Alanen, Sueben, Burgunder) Gallien; die Hunnen erreichen die Elbe.

401 Erster Angriff der Westgoten auf Italien.

402 Kaiser Honorius flüchtet nach Ravenna.

407 Usurpation Konstantins III. in der Bretagne, die bald geräumt wird.

408—450 Theodosius II. folgt auf Arcadius als Kaiser über den Orient.

409 Vandalen und Sueben dringen in Spanien ein.

410 Die Westgoten Alarichs nehmen Rom ein.

411	Constantius III. setzt die römische Herrschaft in Gallien wieder ein.
	412 Die Westgoten im mittelländischen Gallien.
413	Aufruhr des Heraclian in Afrika, bald grausam niedergedrückt.
425—455	Valentinianus III. wird Kaiser über das westliche Reich (Regentschaft seiner Mutter Placidia Galla, dann des Heerführers Aëtius).
427	Aufruhr des Statthalters Bonifacius in Afrika.
	429 Die Vandalen dringen unter ihrem König Geiserich in Afrika ein.
430	Augustins Tod.
	437—453 Attila ist König der Hunnen.
454—455	Ermordung von Aëtius und von Valentinianus III.
455—476	Die letzten Kaiser des weströmischen Reiches unter dem Protektorat ihrer barbarischen Heerführer.

2. Lebensdaten des Heiligen Augustin

Nur Augustins Jugend war an äußeren Ereignissen reich. Da Augustinus von 391 bis zu seinem Tode als Priester und Bischof in Hippo tätig war, sind aus dieser Zeit seines Lebens nicht viele biographische Daten mitzuteilen. Über das umfangreiche literarische Schaffen aus dieser Epoche unterrichtet das Werkverzeichnis, in dem die Datierungen der einzelnen Schriften angegeben sind.

354	13. November. Aurelius Augustinus in Thagaste (Numidien) geboren.
um 361	Schüler in Thagaste.
365—366	Augustin besucht die Schulen von Madaura.
369—370	Jahr des Müßiggangs in Thagaste.
370	Herbst. Augustin geht zum Weiterstudium nach Karthago.
371	Herbst. Seine Verbindung mit einer Konkubine.
372	Sommer. Geburt seines Sohnes Adeodatus.
372—373	Lektüre des Hortensius: Bekehrung zur Philosophie; Hinwendung zur Lehre der Manichäer.
373	Herbst. Lehrtätigkeit in Thagaste.
374—383	Lehrtätigkeit in Karthago.
383	Begegnung mit Faustus von Mileve: Augustin löst sich von der manichäischen Lehre.
383—384	Lehrtätigkeit Augustinus' in Rom.
384	Herbst. Als Professor in Mailand.
385	Augustin wird offizieller Redner. Innere Kämpfe.
386	Februar—Juni. Kampf des heiligen Ambrosius gegen Kaiserin Justinia.
	Juni. Augustin entdeckt die neuplatonische Philosophie.
	Juli. Lektüre der Episteln des heiligen Paulus.
	August. Gartenszene: Bekehrung Augustins.
	Ende August. Augustin nimmt Urlaub; Aufbruch nach Cassiciacum.
	Herbst. Öffentliche Abdankung; Niederschrift der ersten Dialoge.
387	Frühjahr. Rückkehr nach Mailand: Augustin meldet sich zur Taufe an.
387—400	Literarischer Kampf gegen den Manichäismus.

387	24.—25. April. Osternacht: Taufe Augustins, Adeodats und Alypius'.
387	Sommer—Herbst. Abschied von Mailand.
	Herbst. Monika stirbt in Ostia. Aufenthalt in Rom.
388	Herbst. Augustins Rückkehr.
388—391	Klosterleben in Thagaste.
389	Tod Adeodats.
391	Priesterweihe durch Bischof Valerius von Hippo Regius.
395	Zum Mitbischof des Valerius geweiht.
396	Bischof von Hippo Regius.
398	Teilnahme am 4. Konzil von Karthago.
400—412	Auseinandersetzung mit dem Donatismus.
411	Religionsgespräch zu Karthago (vor 286 katholischen und 279 donatistischen Bischöfen).
412	Beginn des Kampfes gegen den Pelagianismus.
430	28. August: Tod Augustins, während die Vandalen die Stadt belagern.

ZEUGNISSE

Martin Luther

Darum gefällt mit S. Augustinus vor allen andern Lehrern, denn er ist ein großer, trefflicher Doctor, und alles Lobens wert, ob er wohl eine kleine Gemeinde und Kirchspiel gehabt, doch hat er rechtschaffen und rein gelehret und seine Bücher mit christlicher Demut der Heiligen Schrift unterworfen, wie auch in dem Dekret stehet: Nolo meis scriptis etc. Du sollst meinen Büchern nicht wie der Heiligen Schrift glauben, in welcher du finden wirst, was du vorher nicht glaubtest, dasselbe glaub unverzüglich; was du aber in meinen Schriften nicht für gewiß hältst, sollst du gewiß nicht halten, du verstehsts denn gewiß. Da protestiert, bezeuget, erkennet, beschließt und zwinget er selbst, der liebe Mann, daß man seinen Schriften nicht größern Glauben geben, noch der Heiligen Schrift gleich setzen, viel weniger vorziehen soll. *Tischreden, 1538*

Blaise Pascal

Erschiene Augustinus heute und wäre er ebensowenig autorisiert wie seine Verteidiger, so könnte er nichts ausrichten. Gott hat seine Kirche gut geleitet, da er ihn damals mit Autorität gesandt hat.

Pensées, 1670

Jacques Benigne Bossuet

Ein Gelehrter unserer Tage sagt oft, daß man, wenn man Augustin liest, keine Zeit hat, an den Worten zu kleben, so sehr ist man von der Größe, der Folge und der Tiefe seiner Gedanken gepackt. In der Tat, das Wesentliche bei Augustin ist, daß er von der Heiligen Schrift lebt, den Geist daraus schöpft, die höchsten Grundsätze aus ihr herleitet und sie als Meister mannigfaltig abwandelt. Daß er nach allem auch Fehler hat, wie die Sonne Flecken, möchte ich weder zuzugeben noch zu leugnen, weder zu entschuldigen noch zu verteidigen mich herbeilassen. Alles, was ich sicher sagen kann, ist, daß, wer auch immer in seine ebenso solide wie sublime Theologie einzudringen weiß und von dem Wesen der Dinge und dem Eindruck der Wahrheit gefangengenommen wird, nur Verachtung oder Mitleid für die Kritiker unserer Zeit haben kann, die, ohne Geschmack und Gefühl für die großen Dinge oder geleitet von schlechten Prinzipien, es sich anscheinend zur Ehre anrechnen, Augustin zu verachten, den sie nicht verstehen.

Défense de la Tradition et des Saints Pères,
Ende des 17. Jahrhunderts

Gottfried Arnold

Sein Privat-leben brachte er so zu, daß er mit einer Gesellschaft junger Leute und Kirchen-diener als in einem Kloster in seinem Hause lebte, und in seinem Amte großen Fleiß, Treu und Eiffer erwies. Wie man denn aus seinen Schrifften und actionen ein ziemlich bescheiden, vorsichtig und ernsthafftig Gemüthe erkennen kan, sonderlich solange er nicht eben in Streitigkeiten verwickelt, und noch nicht von andern ins Angesicht so gelobet und erhoben worden. Denn nach der Zeit, als er in großen Ruff und Ansehen bey den meisten kam, sonderlich weil es wenig geschickte Leute in den ministeriis mehr gab, er auch hiernächst in Eiffer wider die Kätzer gerieth, lies er sich offt seine affecten mercklich verleiten. Wozu denn seine spitzige Vernunfft ihm ein rechtes Schwerd war, durch die er auch die offenbahrsten Dinge dennoch vermänteln, verdrehen und scheinbarlich behaupten kan. Wiewol er manchmal auch ein sehr schlecht Genügen thut, wenn seine Vorträge nur ein wenig nach der Warheit und unpartheyisch beleuchtet werden. *Unpartheyische Kirchen- und Ketzer-Historie, 1697*

Edward Gibbon

Nach dem Urteile der unparteiischesten Kritiker beschränkte sich die oberflächliche Gelehrsamkeit Augustins auf die lateinische Sprache, und sein Stil ist, obgleich zuweilen durch die Beredsamkeit der Leidenschaft belebt, gewöhnlich durch falsche und gezierte Rhetorik gekennzeichnet. Er besaß jedoch einen kräftigen, umfassenden und logischen Geist; er erforschte kühn den dunkeln Abgrund der Gnade, der Vorherbestimmung, des freien Willens und der Erbsünde, und das strenge System des Christentums, das er gründete oder wiederherstellte, ist von der lateinischen Kirche mit öffentlichem Beifall und geheimem Widerstreben angenommen worden.

The History of the Decline and Fall of the Roman Empire, 1776

Johann Gottfried Herder

Auf einer gefährlichen Spitze stand dieser talentreiche Mann Augustinus. Bei seinem blendenden Witz, den er wie ein funkelndes Schwerdt hin und her wandte, bei einer raschen schlüpfrigen Einbildungskraft ward sein warmer Eifer fürs Wohl der Kirche dieser selbst schädlich. Er wars, der die gewagtesten Sätze und Unterschiede über Natur und Gnade, über den freien Willen des Menschen und seine Ohnmacht, über Gnade und Verdienst nicht nur in Gang, sondern auch (trauriger Sieg!) ins System der Kirche brachte. Wie sehr sich der menschliche Geist sträubte, manche harte Behauptung dieses kirchlichen Despoten, aller Erfahrung zuwider, anzunehmen, wie tapfer man selbst in den mittleren Zeiten der Scholastik gegen ihn stritt, und sich wenigstens hie und da einen kleinen Winkel eigenen Besitzes menschlicher Seelenkräfte zu umzäunen suchte; der lateinischen Kirche blieb sein System geltend.

Christliche Schriften, 4. Sammlung, 1798

Karl von Hase

Seine theologischen Werke, erbauliche, dogmatische und vorzugsweise Streitschriften sind weitschweifig, voll Wiederholungen, die Auslegung der Heiligen Schrift ohne gelehrte Sprachkenntnis und ohne historische Genauigkeit; aber sie enthalten einen unabsehbaren Reichthum geistigen Lebens, eine tiefe Kenntnis des menschlichen Herzens und in feurigen Zungen eine alles beherrschende Liebe zu Gott. Nie hat er sich vor einem Gedanken gescheut, und das Freisinnigste, wie, wenn es die Consequenz seiner Behauptung forderte, das Furchtbarste der Geistesfreiheit hat er unbefangen ausgesprochen... Durch das Bedürfnis des rastlos Suchenden und im Streite gegen die Donatisten war die Idee der Kirche als alleiniger Quell aller Wahrheit und alles Heils in ihm herrschend geworden. In sein eignes Leben war der Gegensatz von Sünde und Gnade aufs schärfste gefallen und eine erhabene Frömmigkeit gefiel sich darin, das eigene Selbst unbedingt hinzuwerfen, um allein von Gottes Gnaden in Christo zu leben. *Kirchengeschichte, 1858*

Adolf von Harnack

Augustin kannte sein Herz als das schlimmste und den lebendigen Gott als das höchste Gut; er lebte in der Gottesliebe und er besaß eine hinreißende Fähigkeit, innere Beobachtungen auszusprechen. Indem er das tat, lehrte er die Welt, daß der höchste und süßeste Genuß in dem Gefühl gesucht werden soll, das aus bezwungenem Seelenschmerz, aus der Liebe Gottes als des Grundquells des Guten und deshalb aus der Gewißheit der Gnade entspringt... er lehrte, daß der Mensch ein Anderer werden kann, wenn er sich von Gott finden läßt und aus der Zerstreuung heraus sich selbst und seinen Gott findet...

Er kündete von der ungefärbten Demut, die nur auf Ruinen — dem Sturz der Selbstliebe — erblüht; er erkannte aber in eben dieser Demut den Freibrief der Seele, und selbst wo er die Autorität der Kirche in gebieterischer Weise in Wirksamkeit setzt, geschieht es schließlich nur, um der einzelnen Seele jene Gewißheit zu geben, die sie durch keine Anstrengung und keine individuelle Begnadigung zu erreichen vermag. Darum ist er nicht nur ein Pädagog und Lehrer, sondern ein Vater der Kirche geworden. Er war ein Baum, gepflanzt an den Wasserbächen, dessen Blätter nicht verwelken und auf dessen Zweigen die Vögel des Himmels wohnen. Seine Stimme ist durch die Jahrhunderte der Kirche erschollen, und er hat der Christenheit das Wort gepredigt: «Wohl den Menschen, die Dich für ihre Stärke halten, die von Herzen Dir nachwandeln.»

Lehrbuch der Dogmengeschichte, 1889

Friedrich Nietzsche

Es ist eine Sache schlechten Geschmacks unter allen Umständen, viel zu bitten, statt viel zu geben: die Mischung demütiger Servilität mit einer hoffärtig-pöbelhaften Zudringlichkeit, mit der sich z. B. der heilige Augustin in seinen Confessionen vor Gott wälzt, erinnert daran, daß der Mensch vielleicht nicht allein unter den Tieren das religiöse Gefühl hat. Der Hund hat für den Menschen ein ähnliches «religiöses Gefühl». *Aus dem Nachlaß, 1882 – 1888*

Max Scheler

Die Idee des absoluten Seins ist bei Augustin selbst – und nicht nur die Vorstellungen über den Weg zu ihm und die Vereinigung mit ihm – vollständig umgebildet. Dieses Sein selbst ist Augustin bis in seinen Kern schöpferische Liebe und gleichzeitig allbarmherziger Drang der Selbstmitteilung, der Selbsterschließung. Ist aber solches das Wesen des absoluten Seins – sind es also nicht bloß nachträgliche, durch Spekulation gefundene Bestimmungen seiner –, so kann es dem Menschen gar nicht anders zur Gegebenheit kommen als so, daß er seiner Seele Quell unmittelbar in diesen Urquell alles bloß statischen Seins hineingestellt und von ihm gespeist erlebt; daß er also die Liebesbewegung, die ja eben Gott ist, nachvollzieht, mitvollzieht. Ist weiter ein Ziel dieser göttlichen Liebesbewegung Erbarmen mit dem Menschen, Liebe zum Menschen, so kann es Gottesliebe, die nicht zugleich Nächstenliebe wäre, auch gar nicht mehr geben. Nicht zwei getrennte Akte sind es nach Augustin, in denen wir in der Gottesliebe Gott und in der Menschenliebe den Nächsten umfassen ... In dieser augustinischen Auffassung des Doppelgebotes der Gottes- und Nächstenliebe als eines dynamischen Aktes ist die Seele der westlichen Christlichkeit in klassischer Weise formuliert worden – ja die Seele der echten evangelischen Christlichkeit überhaupt.

Über östliches und westliches Christentum, 1916

Romano Guardini

Die beunruhigende und zugleich hellsichtig machende, gefährdende und anspornende Weise, das eigene Dasein zu erleben und nach dessen Wesen zu forschen, zeigt sich besonders deutlich in den ersten fünf Kapiteln jenes Buches, worin Augustinus über seinen Weg zum Glauben berichtet, den Confessiones. Die Fragen, welche darin gestellt werden; die Art, wie sich dabei das Denken bewegt; die Weise, wie der Denkende die eigene Wirklichkeit im Verhältnis zur Welt und beide im Verhältnis zur Wirklichkeit Gottes empfindet, machen jene Kapitel zu einer der reinsten Ausbruchsstellen des neuzeitlichen Existenzerlebnisses – um so wertvoller, als das augustinische Denken darin noch kaum zu eigentlich theoretischen und noch gar nicht zu systematischen Aussagen vordringt, sondern in einem vorwissenschaftlichen, dafür aber um so lebendigeren Zustande bleibt.

Anfang, Eine Auslegung, 1950

Walter Nigg

Augustin überragt alle abendländischen Kirchenväter um Haupteslänge. Er ist eine gewaltige Gestalt — der größte Genius zwischen Plato und Goethe wurde er schon genannt ... Mit einem Gebirgsmassiv muß er verglichen werden, das ein ganz verschiedenes Aussehen bietet, je nach der Seite, von der man sich ihm nähert. Wenn Augustin der faltenreiche Wurf des kirchenväterlichen Gewandes auch gut kleidet, so war er doch ein von einer ungeheuren Leidenschaft vorwärtsgetriebener Mensch. Als unvergleichlicher Wahrheitssucher muß er bezeichnet werden, der erst nach einer langen Odyssee den Weg zur Kirche fand. Augustin war, trotz seiner skeptischen Phase, von einem verzehrenden Gottesdurst ergriffen, dem er in seinen tränenschweren «Bekenntnissen» unvergeßlichen Ausdruck gegeben hat, diesem Buch, das nur mit dem Christentum selbst untergehen kann.

Das ewige Reich, 1954

Karl Jaspers

Die Persönlichkeit Augustins, obgleich fast leibhaftig vor uns, bleibt ein Rätsel. Dieser in seiner Zeit allumfassende, immer schaffende Geist, von unbändiger Leidenschaft getrieben, durchhellt ständig sich selbst, teilt diese Durchhellung mit dem Willen zur vollkommenen Offenheit mit und läßt uns doch am Ende fragend stehen. Sein Wesen scheint Züge von Adel und von Gewöhnlichkeit zu zeigen. Sein Denken bewegt sich in sublimsten Spekulationen und in rationalistischen Plattheiten, ist getragen vom hohen biblischen Gottesgedanken und versagt sich nicht dem Aberglauben. Die großen sachlichen Fragen sind in ihrer Dialektik zugleich Momente seines persönlichen Lebens. Er scheint sich ins Äußerste zu wagen und ist doch fast gefahrlos gebunden in der nicht wankenden Grundgewißheit. Sein Denken bewegt sich in gewaltigen Widersprüchen. Es ist stets aktuell auf seine gegenwärtige Erfahrung und zugleich auf das Eine, worauf alles ankommt, bezogen, wendet sich den gerade begegnenden Gegnern und den praktischen Aufgaben zu. Es erzeugt einen Strom von Schriften anläßlich der wechselnden Situationen und bringt damit im ganzen ein Werk hervor, das mit Recht von ihm selbst als ein großer Zusammenhang aufgefaßt wird und ein Gegenstand der Interpretation seit anderthalb Jahrtausenden ist.

Die großen Philosophen, 1957

BIBLIOGRAPHIE

Dieser Bibliographie kann bei der großen Fülle des Schrifttums über Augustinus nur die Funktion einer ersten Orientierung zukommen. Immerhin mögen die hier gesammelten Titel Anhaltspunkte bieten, mit deren Hilfe man tiefer in die Augustin-Literatur eindringen kann.

Werkverzeichnis

Die hier folgende Aufstellung nennt in der ersten Spalte die Datierungen* der einzelnen Werke und stützt sich dabei auf die neuesten, zum Teil noch unveröffentlichten Forschungsergebnisse, in der zweiten Spalte die lateinischen Titel der einzelnen Schriften, in der dritten Spalte die Nummer des Bandes in der Ausgabe der Mauriner (MAUR), in der vierten Spalte die Bandnummer der Patrologia Latina (PL), in der fünften Spalte die Bandnummer der Wiener Kirchenväter-Ausgabe «Corpus Scriptorum Ecclesiastorum Latinorum» (CSEL). Die in der «Bibliothek der Kirchenväter» (BKV) erschienenen Übersetzungen werden in der sechsten Spalte und die wichtigsten übrigen Übersetzungen in der siebten Spalte** (SONST) aufgeführt.

DATUM	TITEL	MAUR	PL	CSEL	BKV	SONST.
Nov. 386	Academicos (contra-)	I	32	63		
394	Adimantum Manichaei discip. (contra-)	VIII	42	25,1		
399	Adnotationes in Job	III,1	34	28,3		
419—	Adversarium Legis (contra-)	VIII	42			
396	Agone christiano (de-)	VI	40	41		
419—	Anima et ejus origine (de-)	X,1	44	60		
401	Baptismo (de-)	IX	43	51		
Nov. 386	Beata vita (de-)	I	32	63		
401	Bono conjugali (de-)	VI	40	41		W
414	Bono viduitatis (de-)	VI	40	41		W
Wint. 411—412	Breviculus collationis	IX	43	53		
18. 7. 418	Caesariens. eccles. plebem (ad-)	IX	43	53		
399	Catechizandis rudibus (de-)	VI	40		8	
?	Catechumenos de symbolo (ad-)	VI	40			
413—427	Civitate Dei (de-)	VII	41	40	1–3	S
427	Collatio cum Maximino	VIII	42			
397	Confessiones	I	32	33	7	P
419—	Conjugiis adulterinis (de-)	VI	40	41		W

* «419—» bedeutet: «419 begonnen»; «413—427» bedeutet: «in der Zeit von 413 bis 427 verfaßt»; «396; 426» bedeutet: «die erste Hälfte des Werkes 396, die zweite Hälfte 426 entstanden»; «421/422» bedeutet: «entweder 421 oder 422 verfaßt».

** In dieser Spalte werden folgende Sigel benutzt: P = Schöningh, Paderborn; W = Augustinus-Verlag, Würzburg; S = O. Müller, Salzburg; F = Herder, Freiburg; M = Kösel, München.

DATUM	TITEL	MAUR	PL	CSEL	BVK	SONST.
400—	Consensu evangelistarum (de-)	III,1	34	43		
nach 412	Continentia (de-)	VI	40	41		W
417	Correctione Donatist. (de-) = Ep. 185	II	33			
426	Correptione et gratia (de-)	X,1	44			W
405—406	Cresconium grammaticum (ad-)	IX	43	52		
421	Cura pro mortuis gerenda (de-)	VI	40	41		
398	Disciplina christiana (de-)	VI	40			
28—29. 8. 392	Disputatio contra Fortunatum	VIII	42	25,1		
406	Divinatione daemonum (de-)	VI	40	41		
396; 426	Doctrina christiana (de-)	III,1	34		8	
Wint. 411—412	Donatistas post collationem (ad-)	IX	43	53		
429	Dono perseverantiae (de-)	X,2	45			W
392	Duabus animabus (de-)	VIII	42	25,1		
392 ?—418	Enarrationes in Psalmos	IV	36–37			P
421/22—	Enchiridion ad Laurentium	VI	40		8	
394—395	Ep. ad Galatas expositio	III,2	35			
394—395	Ep. ad Romanos inchoata expositio	III,2	35			
394—395	Ep. ad Romanos quar. propos. expositio	III,2	35			
400	Epistulam Parmeniani (contra-)	IX	43	51		
396	Epistulam q. v. Fundamenti (contra-)	VIII	42	25,1		
Wint. 419—420	Epistulas Pelagianorum (contra-)	X,1	44	60		
386—429	Epistulae	II	33	34,44, 57,58	9–1C	
397—398	Faustum Manichaeum (contra-)	VIII	42	25,1		
397—398	Felicem Manichaeum (contra-)	VIII	42	25,2		
8. 10. 393	Fide et symbolo (de-)	VI	40	41		
412—413	Fide et operibus (de-)	VI	40	41	8	
410—420/30	Fide reum quae non videntur (de-)	VI	40			
419; 420	Gaudentium (contra-)	IX	43	53		
398	Genesi contra Manichaeos (de-)	III,1	34			

DATUM	TITEL	MAUR	PL	CSEL	BVK	SONST.
393; 426	Genesi ad litt. lib. imperfectur (de-)	III,1	34	28,2		
401—414	Genesi ad litteram lib. XII (de-)	III,1	34	28,2		
20. 9. 418	Gesta cum Emerito	IX	43	53		
417	Gestis Pelagii (de-)	X,1	44	42		
418	Gratia Christi et pecc. orig. (de-)	X,1	44	42		
425	Gratia et libero arbitrio (de-)	X,1	44			W
412	Gratia novi Testam. (de-) = Ep. 140	II	33	44		
428—429	Haeresibus ad Quodvultdeum (de-)	VIII	42			
387	Immortalitate animae (de-)	I	32			
415	Inquisitiones Januarii (ad-) = Ep. 54–55	II	33	34		
429/430 ?	Judaeos (adversus-)	VIII	42			
428—430	Juliani responsionem op. imperf. (contra-)	X,2	45			
421	Julianum lib. VI (contra-)	X,1	44			
388; 394—395	Libero arbitrio (de-)	I	32			P
401; 402; 405	Litteras Petiliani (contra-)	IX	43	52		
419	Locutiones in Heptateuchum	III,1	34	28,2		
389	Magistro (de-)	I	32			P
428	Maximinum Arianum (contra-)	VIII	42			
394—395	Mendacio (de-)	VI	40	41		W
419	Mendacium (contra-)	VI	40	41		W
388; 389—390	Moribus eccles. cathol. et Manich. (de-)	I	32			
389	Musica (de-)	I	32			
399	Natura boni (de-)	VIII	42	25,2		
415	Natura et gracia (de-)	X,1	44	60		
418—419; 419—420	Nuptiis et concupiscentia (de-)	X,1	44	42		
401	Opere monachorum (de-)	VI	40	41		
Ende 386	Ordine (de-)	I	32	63		
415	Origine animae (de-) = Ep. 166	II	33	44		
vor 418?	Patientia (de-)	VI	40	41		W
411; 412	Peccatorum meritis et remissione (de-)	X,1	44	60		
415?	Perfectione justitiae hominis (de-)	X,1	44	42		
429	Praedestinatione sanctorum (de-)	X,1	44			W
417	Praesentia Dei (de-) = Ep. 187	II	33	57		

DATUM	TITEL	MAUR	PL	CSEL	BVK	SONST.
415	Priscillanistas et Origen. (contra-)	VIII	42			
394	Psalmus contra partem Donati	IX	43	51		
399–419	Quaestiones Evangeliorum	III,2	35			
419	Quaestiones in Heptateuchum	III,1	34	28,3		
?	Quaestiones VIII ex Vet. Testam.	III,2	35			
?	Quaestiones XVII in Matthaeum	III,2	35			
408	Quaestiones VI contra Paganos = Ep. 102	II	33	34		
388–395/6	Quaestionibus (de diversis – LXXXIII)	VI	40			
396	Quaestionibus (de div. – ad Simplician.)	VI	40			
422	Quaestionibus (de VIII Dulcitii –)	VI	40			
?	Quaestionibus (de VIII – ex Vet. Test.)	III,2	35			
388	Quantitate animae (de-)	I	32			
?	(Regula sancti Augustini)	I	32			
426–427	Retractationes	I	32	36		
401	Sancta virginitate (de-)	VI	40	41		W
394	Sermone Domini in monte (de-)	III,1	34			
Ende 418?	Sermonem Arianorum (contra-)	VIII	42			
	Sermones	V	38–39			
399	Secundinum (contra-)	VIII	42	25,2		
415	Sententia Jacobi (de-) = Ep. 167	II	33			
Wint. 386–387	Soliloquia	I	32			P
?	Speculum (Quis ignorat ...)	III,1	34	12		
412	Spiritu et littera (de-)	X,1	44	60		
415	Tractatus in Ep. Johannis ad Parthos	III,2	35			F
414–416/7	Tractatus in Johannis Evangelium	III,2	35		4–6	
399–419	Trinitate (de-)	VIII	42		11–12	M
412	Unico baptismo (de-)	IX	43	53		
405	Unitate Ecclesiae (de-)	IX	43	52		
Ende 410?	Urbis excidio (de-)	VI	40			
391	Utilitate credendi (de-)	VIII	42	25,1		
408/412	Utilitate jejunii (de-)	VI	40			
390	Vera religione (de-)	III,1	34			P
413?	Videndo Deo (de-) = Ep. 147	II	33	44		

1. Bibliographien und Sammelwerke

NEBREDA, E., Bibliografia Augustiniana. Roma 1928
SCIACCA, MICHELE FREDERICO, Augustinus. Bern 1948 (Bibliographische Einführungen in das Studium der Philosophie. 10.)

Neben diesen unvollständigen bibliographischen Einführungen sind unentbehrlich die Bibliographien bei ETIENNE GILSON, Der heilige Augustinus. (Deutsche Ausgabe.) Hellerau 1930. S. 569—610; ferner bei BERTHOLD ALTANER, Patrologie. 3. Aufl. Freiburg 1951. S. 364 ff, abgesehen von den laufenden Augustinus-Bibliographien im Année Philologique, in der Revue des études Augustiniennes und in der Zeitschrift Augustiniana.

Aurelius Augustinus. Die Festschrift der Görresgesellschaft zum 1500. Todestage. (Hg. von MARTIN GRABMANN und JOSEF MAUSBACH.) Köln 1930
Miscellanea Agostiniana. Testi e studi. Pubbl. a cura dell' Ordine Eremitano di S. Agostino nel 15. centenario della morte del santo Dottore. 2 Bde. Roma 1930—1932
Augustinus Magister. Congrès international augustinien. Paris, 21—24 septembre 1954. 3 Bde. Paris 1955. (Études Augustiniennes. Suppl.)

2. Werkausgaben und Übersetzungen

Augustini Opera. Opera et studio monachorum Ordinis S. Benedicti e Congregatione S. Mauri. T. 1—10 [nebst] Vita. Paris 1679—1700

Für manche Werke Augustins muß man noch immer die Folio-Bände dieser Ausgabe der Benediktiner von Saint-Maur heranziehen. Über die berühmte Edition unterrichtet:

KUKULA, RICHARD K., Die Mauriner-Ausgabe des Augustinus. Ein Beitrag zur Geschichte der Literatur und der Kirche im Zeitalter Ludwigs XIV. 3 Bde. Wien 1890—1898 (Sitzungsberichte der Kaiserlichen Akademie der Wissenschaften in Wien.)
Opera omnia, post Lovaniensium theologorum recensionem . . . Accurante J.-P. MIGNE. Ed. novissima. 15 Bde. Paris 1841—1849 (Patrologiae cursus completus. Series Latina. 32/47.)
Die verbreitetste Ausgabe der Werke Augustins, textkritisch allerdings unzureichend.
Augustini Opera. Sect. 1—3, 5—8. Bisher 18 Bde. Wien 1887 ff. (Corpus scriptorum ecclesiasticorum latinorum.)
Etwa die Hälfte des augustinischen Werkes ist in dieser großen Ausgabe zugänglich, die leider noch nicht zu Ende geführt worden ist.

Eine vollständige Übersetzung der Werke Augustins, wie sie im Französischen vorliegt (17 Bde. Bar-le-Duc 1864—1873; 34 Bde. Paris 1869—1878; neue Übersetzung unter der Leitung von F. Cayré. Paris 1936 ff), fehlt in deutscher Sprache. Es existieren lediglich Auswahlübersetzungen, ferner einige neuere Unternehmungen, die in bestimmten Themenbegrenzungen Vollständigkeit anstreben.

Ausgewählte Schriften. 2. Aufl. Aus dem Lateinischen übers. (von Alfred Schröder, Alfred Hoffmann, Sigisbert Mitterer u. a.). Kempten 1911 bis 1935. 12 Bde. (Bibliothek der Kirchenväter.) — Enthält den Gottesstaat

(Bd. 1—3); Vorträge über das Evangelium des hl. Johannes (Bd. 4—6); Bekenntnisse (Bd. 7); Ausgewählte praktische Schriften homiletischen und katechetischen Inhalts (Bd. 8); Briefe in Auswahl (Bd. 9, 10); 15 Bücher über die Dreieinigkeit (Bd. 11, 12).

Werke in deutscher Sprache. Hg. von CARL JOHANN PERL. Paderborn 1940 ff. (Deutsche Augustinausgabe.)

Erschienen sind: Musik; Die Ordnung; Der Freie Wille; Bekenntnisse; Handbüchlein.

Werke. Bd. 1 ff. Zürich 1950 ff. (Bibliothek der Alten Welt. Reihe Antike und Christentum.)

Erschienen sind: Bekenntnisse; Selbstgespräche; Vom Gottesstaat.

Der Seelsorger. Deutsche Gesamtausgabe seiner moraltheologischen Schriften. Im Auftrage der Deutschen Provinz der Augustiner-Eremiten hg. von ADALBERO KUNZELMANN und ADOLAR ZUMKELLER. Würzburg 1949 ff

Der Lehrer der Gnade. Deutsche Gesamtausgabe seiner antipelagianischen Schriften. Im Auftrage der Deutschen Provinz der Augustiner-Eremiten hg. von ADALBERO KUNZELMANN und ADOLAR ZUMKELLER. Würzburg 1955 ff

Augustinus. Ein Lesebuch aus seinen Werken. Ausgew., übers. und eingel. von JOSEPH BERNHART. München 1922 (Katholikon. Werke und Urkunden 3.)

Augustinus. Reflexionen und Maximen aus seinen Werken. Gesammelt und übers. von ADOLF VON HARNACK. Tübingen 1922

Augustinus. Das religiöse Gesetz. Texte mit Einl. von OTTO KARRER. München 1925. — Neuaufl. 1954

Augustinus. Die Gestalt als Gefüge. Hg. von ERICH PRZYWARA. Leipzig 1934

Augustinus. Das Antlitz der Kirche. Ausgew. und übertr. von HANS URS VON BALTHASAR. Einsiedeln 1942. — 2. Aufl. 1955

Von Einzelübersetzungen seien nur genannt:

Der Gottesstaat. Übers. von CARL JOHANN PERL. 3 Bde. Salzburg 1953—1955

Confessiones. Bekenntnisse. Lateinisch und deutsch. (Eingel., übers. und erl. von JOSEPH BERNHART.) München 1955

Bekenntnisse. Übers. von JOSEPH BERNHART. Nachwort und Anm. von Hans Urs von Balthasar. Frankfurt a. M. 1955 (Fischer-Bücherei. 103.)

3. Gesamtdarstellungen

Der ersten Einführung mögen folgende Bücher dienen:

HESSEN, JOHANNES, Augustinus und seine Bedeutung für die Gegenwart. Stuttgart 1924

GILSON, ETIENNE, Introduction à l'étude de Saint-Augustin. Paris 1929. — 3. éd. 1949. — Deutsch. Hellerau 1930 u. d. T.: Der heilige Augustin. Eine Einführung in seine Lehre.

BERNHART, JOSEPH, Augustin. Lübeck 1933

PHILIPS, THEODOR, Das Weltbild des heiligen Augustinus. Stuttgart 1949 (Welt und Genius.)

SIMON, PAUL, Aurelius Augustinus. Sein geistiges Profil. Paderborn 1954

Folgende Hauptwerke über Augustin, chronologisch verzeichnet, sind zu nennen:

BINDEMANN, C., Der heilige Augustin. 3 Bde. Berlin 1844—1869

Böhringer, Fr., Aurelius Augustinus, Bischof von Hippo. 2 Bde. Berlin 1877—1878
Wolfsgruber, C., Augustinus. Paderborn 1898
Martin, Jacques, Saint Augustin. Paris 1901. — 2. éd. 1923
Hertling, Georg Frh. von, Der Untergang der antiken Kultur. Augustin. München 1902 (Weltgeschichte in Karakterbildern.) — 2. Aufl. 1904
Egger, A., Der heilige Augustinus. Kempten und München 1904
Portalié, E., Augustin. In: Dictionnaire de Théologie catholique. Vol. 1. Paris 1902. Sp. 2268—2472
Thimme, Wilhelm, Augustin. Ein Lebens- und Charakterbild auf Grund seiner Briefe. Göttingen 1910
Bertrand, Louis, Saint Augustin. Paris 1913. — Deutsch. Paderborn 1927
Montgomery, William, St. Augustin. Aspects of his life and thought. London 1914
Guilloux, Pierre, L'âme de Saint Augustin. Paris 1921
Legewie, Bernhard, Augustinus. Eine Psychographie. Bonn 1925
Lesaar, H. H., Der heilige Augustinus. Kempten und München 1930
Papini, Giovanni, Der heilige Augustinus. Firenze 1930. — Deutsch. Wien 1930
Krebs, Engelbert, Sankt Augustin, der Mensch und Kirchenlehrer. Köln 1930
Pincherle, A., Sant' Agostino. Bari 1930
McDougall, Eleanor, St. Augustine. A study in personal religion. London 1930
Cassara, Salvador, Sant' Agostino. Palermo 1931
Gorla, Pietro, Sant' Agostino. Torino 1936
Pope, Hugh, Saint Augustine of Hippo. London 1937
Bardy, G., Saint Augustin. L'homme et l'œuvre. Paris 1940
Meer, Frits van der, Augustinus. Utrecht 1947. — Deutsch. Köln 1951. — 2. Aufl. 1953
Burger, Jean Daniel, Saint Augustin. Neuchâtel 1948 (Etre et penser. 24.)
Plinval, G. de, Pour connaître la pensée de Saint Augustin. Paris 1954

4. Untersuchungen

Die geistige Entwicklung Augustins und besonders darin die Geschichte seiner Bekehrung, die im Bericht der Confessiones enthalten ist, gehört zu den wohl durchforschten Gebieten in der Augustin-Literatur. Die Hauptwerke wiederum seien angeführt:

Becker, Hans, Augustin. Studien zu seiner geistigen Entwicklung. Leipzig 1908
Thimme, Wilhelm, Augustins geistige Entwicklung in den ersten Jahren nach seiner Bekehrung. Berlin 1908 (Neue Studien zur Geschichte der Theologie und der Kirche. 3.)
Alferic, P., L'évolution intellectuelle de Saint-Augustin. Paris 1918
Boyer, Charles, Christianisme et Néoplatonisme dans la formation de Saint-Augustin. Paris 1920
Holl, Karl, Augustins innere Entwicklung. In: Abhandlungen der Berliner Akademie der Wissenschaften. 1922. — Wiederabdruck in: Holl, Gesammelte Aufsätze. Bd. 3. 1928
Nörregaard, Jens, Augustins Bekehrung. Deutsch von A. Spelmeyer. Tübingen 1923

ADAM, KARL, Die geistige Entwicklung des heiligen Augustinus. Augsburg 1931. — Neuausgabe. Darmstadt 1957

GUARDINI, ROMANO, Die Bekehrung des heiligen Aurelius Augustinus. Der innere Vorgang in seinen Bekenntnissen. Leipzig 1935. — 2. Aufl. 1950

O'MEARA, JOHN JOSEPH, The young Augustine. The growth of St. Augustine's mind up to his conversion. London 1954

REITZENSTEIN, RICHARD, Augustin als antiker und mittelalterlicher Mensch. Leipzig 1924 (Vorträge der Bibliothek Warburg. 2.)

MARROU, HENRI, Saint Augustin et la fin de la culture antique. Paris 1938. — 2. éd. 1949

MAIER, FRANZ GEORG, Augustin und das antike Rom. Stuttgart 1955 (Tübinger Beiträge zur Altertumswissenschaft. 39.)

In diesem Zusammenhang sind auch die Werke über die Confessiones zu nennen:

HARNACK, ADOLF VON, Augustin's Confessionen. Ein Vortrag. Gießen 1895

—, Die Höhepunkte in Augustins Konfessionen. In: Harnack, Reden und Aufsätze. Bd. 3. Gießen 1916. S. 67—99

ZEPF, MAX, Augustins Confessiones. Tübingen 1926 (Heidelberger Abhandlungen zur Philosophie und ihrer Geschichte. 9.)

COURCELLE, PIERRE, Recherches sur les Confessions de Saint Augustin. Paris 1950

GUARDINI, ROMANO, Anfang. Eine Auslegung der ersten fünf Kapitel von Augustins Bekenntnissen. München 1950. — 3. Aufl. 1953

Aus der Fülle der Einzeluntersuchungen und Problemstudien lassen sich wiederum nur einige Werke herausheben, die meistens stellvertretend für eine Gruppe von Publikationen stehen können:

DORNER, A., Augustinus. Sein theologisches System und seine religionsphilosophische Anschauung. Berlin 1873

SCHEEL, OTTO, Die Anschauung Augustins über Christi Person und Werk. Tübingen und Leipzig 1901

EGGERSDORFER, FRANZ XAVER, Der heilige Augustinus als Pädagoge und seine Bedeutung für die Geschichte der Bildung. Freiburg 1907 (Straßburger theologische Studien. VIII, 3.)

MAUSBACH, JOSEPH, Die Ethik Augustins. 2 Bde. Freiburg 1909. — 2. Aufl. 1929

SCHILLING, OTTO, Die Staats- und Soziallehre des hl. Augustin. Freiburg i. B. 1910

GRABMANN, MARTIN, Die Grundgedanken des heiligen Augustin über Seele und Gott. Köln 1916. — 2. Aufl. 1929

HESSEN, JOHANNES, Die unmittelbare Gotteserkenntnis nach dem hl. Augustin. Paderborn 1919

BATIFFOL, PIERRE, Le catholicisme de saint Augustin. 2 vols. Paris 1920. — 4. Aufl. 1929

KÄLIN B., Die Erkenntnislehre des heiligen Augustin. Sarnen 1921

BOYER, CHARLES, L'idée de vérité dans la philosophie de Saint Augustin. Paris 1921

EIBL, HANS, Augustin und die Patristik. München 1923 (Geschichte der Philosophie in Einzeldarstellungen. III, 10/11.)

SCHUBERT, ALOIS, Augustins Lex-aeterna-Lehre. Nach Inhalt und Quellen. Münster 1924 (Beiträge zur Geschichte der Philosophie des Mittelalters. XXIV, 2.)

ROLAND-GOSSELIN, B., La morale de saint Augustin. Paris 1925
CAYRÉ, F., La contemplation Augustienne. Principes de la spiritualité de saint Augustin. Paris 1927. — 2 éd. 1954
SCHMAUS, M., Die psychologische Trinitätslehre des hl. Augustinus. Münster 1927 (Münsterische Beiträge zur Theologie. 11.)
JONAS, HANS, Augustin und das paulinische Freiheitsproblem. Göttingen 1930 (Forschungen zur Religion und Literatur des AT. und NT. NF. 27.)
HESSEN, JOHANNES, Augustins Metaphysik der Erkenntnis. Berlin und Bonn 1931
HOFMANN, FRITZ, Der Kirchenbegriff des hl. Augustinus in seinen Grundlagen und seiner Entwicklung. Münster 1933
EGER, HANS, Die Eschatologie Augustins. Bamberg 1933 (Greifswalder theologische Forschungen. 1.)
VERWIEBE, WALTER, Welt und Zeit bei Augustin. Leipzig 1933 (Forschungen zur Geschichte der Philosophie und der Pädagogik. V, 3.)
DINKLER, ERICH, Die Anthropologie bei Augustin. Stuttgart 1934 (Forschungen zur Kirchen- und Geistesgeschichte. 4.)
JOLIVET, R., Dieu soleil des esprits. La doctrine augustinienne de l'illumination Paris 1934
BARION, JAKOB, Plotin und Augustinus. Untersuchungen zum Gottesproblem. Berlin 1935 (Neue deutsche Forschungen. Abt. Philosophie. 5.)
JOLIVET, R., Le problème du mal d'après saint Augustin. Paris 1936
RITTER, JOACHIM, Mundus intelligibilis. Eine Untersuchung zur Aufnahme und Umwandlung der neuplatonischen Ontologie bei Augustin. Frankfurt/Main 1937 (Philosophische Abhandlungen. 6.)
SCHNEIDER, RUDOLF, Das wandelbare Sein. Die Hauptthemen der Ontologie Augustins. Frankfurt/Main 1938 (Philosophische Abhandlungen. 8.)
KAMLAH, WILHELM, Christentum und Selbstbehauptung. Historische und philosophische Untersuchungen zur Entstehung des Christentums und zu Augustins «Bürgerschaft Gottes». Frankfurt/Main 1940. — 2. Aufl. Stuttgart 1951
HESSEN, JOHANNES, Die Philosophie des heiligen Augustinus. Nürnberg 1947 (Görres-Bibliothek. 55.)
LOEWENICH, WALTER VON, Augustin und das christliche Geschichtsdenken. München 1947 (Gottes Wort und Geschichte. 6.)
—, Menschsein und Christsein bei Augustin. München 1947 (Gottes Wort und Geschichte. 8.)
ZIEGENFUSS, WERNER, Augustin. Christliche Transzendenz in Gesellschaft und Geschichte. Berlin 1948
ZUMKELLER, ADOLAR, Das Mönchtum des hl. Augustin. Würzburg 1950 (Cassiciacum. I, 5.)
MARROU, HENRI, L'ambivalence du temps de l'histoire chez saint Augustin. Montreal, Paris 1950
EIBL, HANS, Augustinus — vom Götterreich zum Gottesstaat. Olten 1951
BENZ, ERNST, Augustins Lehre von der Kirche. Mainz 1954 (Akademie der Wissenschaften und der Literatur, Mainz 1954. 2.)
DIESNER, HANS JOACHIM, Studien zur Gesellschaftslehre und sozialen Haltung Augustins. Halle 1954
RATZINGER, JOSEF, Volk und Haus Gottes in Augustins Lehre von der Kirche. München 1954 (Münchener theologische Studien. II, 7.)
LÖHRER, MAGNUS, Der Glaubensbegriff des heiligen Augustins in seinen ersten Schriften bis zu den Confessiones. Einsiedeln, Zürich, Köln 1955

An Monographien zu Augustins «Civitas Dei» sind folgende Titel zu verzeichnen:

SCHOLZ, HEINRICH, Glaube und Unglaube in der Weltgeschichte. Ein Kommentar zu De civitate Dei. Leipzig 1911

SALIN, EDGAR, Civitas Dei. Tübingen 1926

STEGEMANN, VICTOR, Augustins Gottesstaat. Tübingen 1928

5. *Wirkungsgeschichte*

TROELTSCH, ERNST, Augustin, die christliche Antike und das Mittelalter. München 1915 (Historische Bibliothek. 36.)

GRABMANN, MARTIN, Der göttliche Grund menschlicher Wahrheitserkenntnis nach Augustinus und Thomas von Aquino. Forschungen über die augustinische Illuminationstheorie und ihre Beurteilung durch den hl. Thomas von Aquino. Münster 1924

HAMEL, A., Der junge Luther und Augustin. 1934

KIENITZ, ERWIN RODERICH VON, Augustinus. Genius des Abendlandes. Wuppertal 1947

QUELLENNACHWEIS

ABBILDUNGEN

(Die Ziffern bezeichnen die Buchseiten)

Alinari-Giraudon: 9, 83, 97, 102, 111 / Giraudon-Anderson: 76, 87, 130 / Giraudon: 80, 153 / Bibliothèque Nationale, Paris: 22, 92, 78, 134, 145, 150, 151, 154 / Marcel Bovis: 13, 28, 30—31, 33, 34, 37 / Roche: 44, 65 / Mas: 73, 89, 157 / W. Speiser: 104, 108 / Charles Jehan: 8 / P. Quoniam: 11 / Landesmuseum, Trier: 12 / Combier: 17 / Musée Guimet, Paris: 23 / Artistic-Photo: 27 / Jaques: 49 / Les Belles Lettres: 107 / Musée Lavigerie, Karthago: 53 / Marcus-Weber: 14 / Abbaye N.-D. de Lerins 132 / Service Municipal de l'Urbanisme, Marsaille: 129 / F. Châtillon: 137 / Henri Bremond: 148 / Bulloz: 138 / Viollet: 68 / Alle übrigen Abbildungen wurden vom Verlag Éditions du Seuil, Paris, zur Verfügung gestellt.

TEXTE

Den Texten liegen folgende Übersetzungen zugrunde: Enchiridion, Bekenntnisse, In Johannnis Evangelium Tractatus, Gottesstaat, Briefe (Bibliothek der Kirchenväter. 2. Aufl. München, Kösel 1911—1935); De vera religione (übers. von Friedrich Leopold Graf zu Stolberg. Münster und Leipzig 1803); De libero arbitrio (übers. von Joseph Widmer. Luzern 1824); De trinitate (übers. von Michael Schmaus. Leipzig, Hegner 1936); Selbstgespräche (übers. von Ludwig Schopp. München, Kösel 1938); Gottesstaat (übers. von Joseph Fischer. Heidelberg, Kemper 1948).

Heinz Finé, S. J., übersetzte aus dem lateinischen Urtext folgende Texte: De Magistro 11 (38)—12 (40); Enarratio in Psalmum 101, 10, 11 und 14; Enarratio in Psalmum 127, 9; Enarratio in Psalmum 41, 2—10; Brief 169, 2 (5—6); Enarratio in Psalmum 130, 6; De genesi ad litteram VIII, 8 (15 bis 16); Enarratio in Psalmum 70, 1, 17; Enarratio in Psalmum 106, 7; Brief 185, 6; De correptione et gratia, 9, 24.